Nikolai Maksimenko

Fundamentos da cultura anti-corrupção. Curso de palestras

Nikolai Maksimenko

Fundamentos da cultura anti-corrupção. Curso de palestras

Para estudantes de instituições de ensino superior

ScienciaScripts

Imprint

Any brand names and product names mentioned in this book are subject to trademark, brand or patent protection and are trademarks or registered trademarks of their respective holders. The use of brand names, product names, common names, trade names, product descriptions etc. even without a particular marking in this work is in no way to be construed to mean that such names may be regarded as unrestricted in respect of trademark and brand protection legislation and could thus be used by anyone.

Cover image: www.ingimage.com

This book is a translation from the original published under ISBN 978-613-4-91711-7.

Publisher:
Sciencia Scripts
is a trademark of
Dodo Books Indian Ocean Ltd. and OmniScriptum S.R.L publishing group

120 High Road, East Finchley, London, N2 9ED, United Kingdom
Str. Armeneasca 28/1, office 1, Chisinau MD-2012, Republic of Moldova, Europe
Printed at: see last page
ISBN: 978-620-8-09906-0

Copyright © Nikolai Maksimenko
Copyright © 2024 Dodo Books Indian Ocean Ltd. and OmniScriptum S.R.L publishing group

ÍNDICE

INTRODUÇÃO

Atualmente, a corrupção é um dos problemas mais importantes da comunidade mundial. O seu impacto destrutivo na sociedade é universal. De acordo com várias estimativas, as perdas económicas diretas resultantes da corrupção na Rússia, por exemplo, variam entre 20 e 40 mil milhões de dólares por ano, o que é comparável ao rendimento do orçamento do Estado do país, e o volume de subornos a funcionários russos, de acordo com o Comité Nacional Anti-Corrupção da Federação Russa, varia entre 240 e 300 mil milhões de dólares, e este número está a aumentar.

A corrupção impede o desenvolvimento das empresas, agrava as desigualdades sociais e torna os serviços públicos formalmente gratuitos (educação, medicina, etc.) de difícil acesso para os segmentos menos favorecidos da população. Corrompe o sistema político, distorcendo os objectivos de desenvolvimento social, e contribui para a instabilidade política. Como consequência de uma governação ineficaz, a corrupção torna-a ainda mais ineficaz.

O tema da corrupção também é relevante para o Cazaquistão moderno. O nosso país é um dos países mais corruptos do mundo. [1]De acordo com a organização não governamental internacional Transparência Internacional, o índice de perceção da corrupção no Cazaquistão em 2016 foi de 29 pontos em 100, ocupando o 131.º lugar entre 176 países, atrás de países da antiga União Soviética como a Moldávia e o Azerbaijão (ambos com 30 pontos), a Arménia (33), a Bielorrússia (40), a Geórgia e a Letónia (ambas com 57), a Lituânia (59) e a Estónia (70). [2]Os montantes dos subornos individuais no nosso país em 2015 atingiram 500 000 dólares; só em sete meses deste ano, o número de crimes de corrupção atingiu 1 728 casos. O. Abdykarimov, Presidente do Conselho Público Republicano de Combate à Corrupção do Partido Democrático Popular "Nur Otan", Deputado do Senado do Parlamento da República do Cazaquistão, observou: "A corrupção impede uma concorrência saudável. Leva à adoção de decisões injustificadas que não contribuem para uma utilização óptima dos recursos. Reduz a competitividade da economia do Cazaquistão em comparação com os sistemas económicos de países onde o nível de corrupção é menor e o nível de transparência é maior. A corrupção contribui para o aumento das taxas de criminalidade, especialmente para o aumento do nível de criminalidade organizada e da economia paralela. A opacidade e a corrupção do sistema económico criam um ambiente que destrói a moralidade pública e contribui para a perda de confiança dos cidadãos no Estado de direito. [3]E essa confiança é uma das bases mais importantes para a criação de condições para o crescimento económico".

A corrupção é descrita nos meios de comunicação social como um grave obstáculo ao desenvolvimento saudável da sociedade, um mal social que exige intervenção e eliminação. [4]Entre as instituições mais corruptas contam-se as autoridades estatais, as autoridades locais, as forças da ordem, os tribunais, a polícia de trânsito, os serviços

---

1 http://www.forbes.ru/news/248161-rossiya-sokhranila-pozitsii-v-reitinge-vospriyatiya-korruptsii
2 https://news.mail.ru/inworld/kazakhstan/incident/22999704/?frommail= 1
3 A arte de exigir sacrifícios. Jornal "Expresso-K". N.º 48 (17406) de 16.03.2012
4 Ver www.transparency.org.ru.

públicos, os partidos políticos e os meios de comunicação social. Na esfera social, nos cuidados de saúde, na educação, no recrutamento para o exército, os subornos tornaram-se comuns para resolver uma questão.

Mas a luta eficaz contra este fenómeno negativo é impossível sem um conhecimento suficientemente completo e preciso da sua essência, das condições específicas de ocorrência e das suas consequências.

Por conseguinte, não é por acaso que, há dois anos, foi introduzido em todas as instituições de ensino superior do Cazaquistão o curso "Fundamentos da cultura anti-corrupção". E hoje estamos a iniciar um estudo sistemático deste curso e do tema da aula de hoje: "Essência social e jurídica e principais causas da corrupção. Tipos de corrupção".

TEMA 1. ESSÊNCIA SOCIAL E JURÍDICA E PRINCIPAIS CAUSAS DA CORRUPÇÃO. TIPOS DE CORRUPÇÃO

Plano

1. O conceito de corrupção como fenómeno social.

2. Conteúdo e tipos de relações corruptas.

3. Causas da corrupção e suas consequências sociais.

4. Corrupção no Cazaquistão.

1. Conceito de corrupção como fenómeno social

A corrupção é um conceito complexo e ambíguo, percepcionado por diferentes pessoas, que tem um carácter histórico e depende em grande medida das condições sociais e das tradições de um determinado país. A compreensão mais adequada da corrupção só é possível tendo em conta as atitudes sociais, as percepções e os estereótipos da consciência da população de um determinado país ou região, bem como a sua perceção emocional.

Nos tempos soviéticos, a corrupção era sinónimo de suborno, o que é compreensível, uma vez que, para a maioria dos cidadãos nessas condições, o suborno era a única forma de corrupção em que eles próprios ou os seus familiares, conhecidos ou colegas estavam envolvidos.

No entanto, com a transição das antigas repúblicas soviéticas para as relações de mercado, com a possibilidade de os cidadãos possuírem qualquer propriedade, com o desenvolvimento da circulação monetária e do mercado de valores mobiliários, as maiores perdas para a sociedade e para o Estado começaram a ser causadas por transacções corruptas relacionadas com a utilização indevida de fundos orçamentais e a sua redistribuição, o pagamento insuficiente de impostos, etc., o que fez com que o suborno passasse para segundo plano. Neste caso, os subornos permaneceram nas relações entre cidadãos, empresários e funcionários públicos; quanto aos altos funcionários públicos, têm mais oportunidades de receber rendimentos ilegais multimilionários sem recorrer a subornos e sem infringir a lei. Por exemplo, com base em fundamentos formalmente legais, podem adjudicar um concurso para um fornecimento favorável de equipamento a uma empresa pertencente ao cônjuge do funcionário.

Como já foi referido, a compreensão da corrupção é largamente determinada por tradições nacionais, étnicas, religiosas e jurídicas, que permitem atribuir ou não atribuir determinadas acções à corrupção. Por exemplo, em alguns países, dar um presente a um superior por ocasião do seu aniversário é considerado normal, enquanto noutros países é visto como uma violação grosseira das normas éticas.

Assim, por um lado, a corrupção manifesta-se na violação de normas sociais, em desvios éticos de comportamento e, por outro lado, manifesta-se na utilização, por parte dos funcionários, do seu estatuto para obter benefícios ilegais, ou na concessão desses benefícios a outros funcionários ou cidadãos que não exercem funções. Pode manifestar-se através do roubo direto de valores estatais ou públicos (dinheiro, recursos materiais, etc.).

Muitos actos de corrupção são praticados no âmbito dos poderes concedidos aos funcionários e nem sempre é possível provar legalmente o seu benefício pessoal relacionado com essas acções, ou seja, formalmente praticadas sem violação da lei. [5]Esta situação levou muitos investigadores a concluir que "o combate à corrupção apenas através de acções penais contra funcionários é ineficaz para reduzir o nível global de corrupção" . Por outras palavras, as definições modernas de corrupção não a associam diretamente apenas a infracções penais, mas não excluem essa possibilidade.

Até há pouco tempo, a corrupção enquanto fenómeno social era objeto de grande atenção apenas por parte dos juristas e reduzia-se, como já foi referido, principalmente ao suborno. No entanto, a difusão generalizada da corrupção nos dias de hoje e a sua penetração em todas as esferas da vida pública levaram os investigadores a aperceberem-se do seu carácter multifacetado e multidimensional. À medida que a sociedade moderna e o Estado se desenvolvem, a corrupção torna-se cada vez mais diversificada, pelo que pode ser descrita e estudada a partir de diferentes perspectivas. [6]Existem quatro abordagens principais para compreender a corrupção na literatura moderna.

1. **Interpretação jurídica da corrupção.** Os advogados entendem a corrupção como uma infração relacionada com a utilização da posição oficial ou do estatuto social de um funcionário público para fins pessoais ou empresariais. Na maioria das vezes, esse interesse reduz-se à obtenção de rendimentos ilegais sob a forma de receber ou dar subornos. Neste caso, os subornos, para além de dinheiro, valores mobiliários e outros bens, podem ser serviços de natureza não patrimonial, prestados gratuitamente, mas sujeitos a pagamento (vales turísticos, reparação de um apartamento, construção de uma casa ou de uma casa de veraneio, etc.). São considerados subornos a subestimação do valor dos objectos privatizados, a redução da renda, as taxas de juro para a utilização de empréstimos bancários, etc.

2. **Compreensão económica da corrupção.** Neste contexto, entende-se por corrupção as actividades das empresas, do Estado ou dos funcionários municipais que causam perdas financeiras e de recursos para as empresas, o Estado, as comunidades individuais e o desenvolvimento do país no seu conjunto. Nesta abordagem, o perigo da corrupção é avaliado pelo nível de perdas financeiras resultantes do comportamento corrupto.

3. **Compreender a corrupção na perspetiva da governação.** Nesta abordagem, a corrupção é entendida como uma ação que perturba ou destrói a normal governação estatal ou municipal, consagrada em regulamentos e leis, conduzindo à sua ineficácia sistémica devido ao facto de os interesses pessoais ou corporativos começarem a

---

5 Política estatal de combate à corrupção e à economia paralela na Rússia. Materiais da Conferência Científica de toda a Rússia (Moscovo, 6 de junho de 2007). - M., 2007. C.179.
6 Ver: State Policy of Counteraction to Corruption and Shadow Economy in Russia. Materiais da Conferência Científica de toda a Rússia (Moscovo, 6 de junho de 2007). - M., 2007. C. 179-180.

prevalecer sobre os interesses estatais e públicos.

4. **Entendimento sociológico da corrupção.** Do ponto de vista sociológico, a corrupção é a utilização de laços e relações informais na resolução de problemas políticos, estatais e municipais para interesses pessoais ou corporativos. Os processos de resolução desses problemas estão associados ao **favoritismo** e ao **clientelismo,** nomeadamente no domínio das decisões sobre o pessoal e da subsequente assistência aos funcionários que assim foram nomeados.

Cada uma destas quatro abordagens revela um aspeto particular da corrupção, mas, no seu conjunto, permitem uma caraterização bastante completa da essência deste fenómeno.

O termo "corrupção" provém da combinação das palavras latinas "correi" (várias pessoas vinculadas por uma obrigação relativa a um objeto) e "rumpere" (quebrar, danificar, anular). Assim, formou-se um termo autónomo que implica o envolvimento de várias pessoas (pelo menos duas) cujo objetivo era quebrar (estragar) ou prejudicar o curso normal do processo judicial ou o processo de gestão de certos assuntos da sociedade.

Quanto à definição deste fenómeno, existem muitas definições na literatura científica, educacional e pública. O Dicionário Explicativo da Língua Russa caracteriza a corrupção como suborno, venalidade de funcionários e figuras políticas.

O documento de referência das Nações Unidas sobre a luta internacional contra a corrupção define esta última como "o abuso do poder público em proveito privado".

Isto inclui o suborno (a oferta de uma gratificação para corromper uma pessoa de uma posição de dever), o nepotismo (a substituição de posições lucrativas ou lucrativas por familiares ou "gente da própria casa" através de clientelismo) e a apropriação indevida de fundos públicos para uso privado.

A Lei da Federação Russa "Sobre o Combate à Corrupção" define a corrupção como "abuso de posição oficial, suborno, oferta de suborno, aceitação de suborno, abuso de autoridade, suborno comercial ou outra utilização ilegal por um indivíduo da sua posição oficial, contrária aos interesses legítimos da sociedade e do Estado, a fim de obter um benefício sob a forma de dinheiro, valores, outros bens ou serviços de natureza patrimonial, outros direitos de propriedade para si próprio ou para terceiros, ou a prestação ilegal de tal benefício ao referido indivíduo.

A Lei da República do Cazaquistão "relativa à luta contra a corrupção" define-a do seguinte modo: "Na aceção da presente lei, entende-se por corrupção a aceitação, pessoalmente ou através de intermediários, de benefícios e vantagens patrimoniais por pessoas que exercem funções públicas, bem como por pessoas a elas equiparadas, não previstas na lei, com o uso dos seus poderes oficiais e oportunidades conexas, ou outro uso dos seus poderes para obter um benefício patrimonial, bem como o suborno dessas pessoas, proporcionando-lhes ilegalmente benefícios físicos ou psicológicos, e o suborno dessas pessoas, proporcionando-lhes ilegalmente benefícios físicos ou psicológicos.

Como se pode depreender desta definição, a corrupção refere-se aqui apenas a actos ilícitos de pessoas que exercem funções públicas ou de pessoas a elas equiparadas, bem como de quem tenta induzi-las a praticar actos ilícitos através de suborno.

Os peritos do Conselho da Europa elaboraram a seguinte definição geral de corrupção [7]"Corrupção é o suborno, a corrupção e qualquer outro comportamento de uma pessoa investida de responsabilidades no sector público ou privado que viole os seus deveres decorrentes da sua condição pública de pessoa pública, de empregado privado, de agente independente ou de outra condição de natureza semelhante e que vise obter uma vantagem indevida de qualquer tipo para si ou para outra pessoa" .

Um relatório elaborado pelo Conselho Russo para a Política Externa e de Defesa e pela Fundação Pública Regional Indem afirma que "a corrupção (no sentido restrito da palavra) é entendida como uma situação em que um funcionário toma uma decisão ilegal (por vezes uma decisão moralmente inaceitável para a opinião pública), da qual uma outra parte beneficia (por exemplo, uma empresa que obtém uma ordem governamental contra o procedimento estabelecido graças a esta decisão), enquanto o próprio funcionário recebe uma remuneração ilegal do funcionário público motivado por razões étnicas [8]Caraterísticas desta situação: é tomada uma decisão que viola a lei ou normas sociais não escritas, ambas as partes agem com consentimento mútuo, ambas as partes recebem benefícios e vantagens ilegais, ambas as partes tentam ocultar as suas acções".

Nestas duas definições, a corrupção refere-se a uma situação em que um funcionário público toma uma decisão ilegal (muitas vezes moralmente inaceitável para a opinião pública) da qual beneficia uma outra parte e em que o próprio funcionário recebe uma recompensa ilegal dessa parte. No caso da corrupção, é tomada uma decisão que viola a lei ou normas sociais não escritas, ambas as partes agem por consentimento mútuo; ambas as partes recebem benefícios e vantagens ilegais, ambas as partes tentam ocultar as suas acções. Estas são as definições em que nos iremos basear na apresentação do nosso curso.

[9]Eis outra definição de corrupção: a corrupção é "um fenómeno social caracterizado pelo suborno - venalidade de funcionários públicos ou de outros funcionários e, nesta base, a sua utilização egoísta da autoridade oficial, da autoridade e das oportunidades para interesses pessoais ou de um grupo restrito ou de uma empresa" .

2. Conteúdo e tipos de relações corruptas

O conteúdo de qualquer fenómeno é caracterizado pelas formas da sua existência, as quais, como se depreende do curso da filosofia, determinam, em primeiro lugar, o seu modo de existência. Tudo tem uma forma, e a corrupção também tem uma forma.

---

7 Alguns Aspectos da Cooperação Jurídica Internacional dos Estados Membros do Conselho da Europa na Luta contra a Corrupção// Journal of Russian Law. 2000, № 7.

8 Satarov G.A., Levin M.I. Rússia e corrupção: quem é quem? // Rossiyskaya Gazeta. 1998. 19 de fevereiro. P.4.

9 A. Yu. Epikhin O. B. Mozokhin. VChK-OGPU na luta contra a corrupção nos anos da nova política económica (1921-1928). - M., 2007. C. 171.

A corrupção é possível quando existe uma pessoa que tem a possibilidade de dispor de recursos que não lhe pertencem, tomando ou deixando de tomar determinadas decisões. Quando essa pessoa é um funcionário público, estamos perante a corrupção pública, que é a que causa maiores danos à sociedade e ao Estado, pois está relacionada com fundos orçamentais, bens do Estado ou do município, ordens ou benefícios do Estado, etc.

Uma vez que a corrupção é uma relação bidirecional, os sujeitos das relações de corrupção são, por um lado, os funcionários e, por outro, os representantes do sector privado legal e ilegal, ou os indivíduos.

O objeto da corrupção pode ser praticamente todas as relações sociais e económicas estabelecidas e protegidas por lei.

A literatura moderna considera a corrupção como um fenómeno criminológico e socioeconómico complexo, com um conteúdo multiestruturado e multinível e associado a um complexo de tipos heterogéneos de actos socialmente perigosos. Manifesta-se em todas as esferas da vida pública.

Existem muitas classificações dos tipos de corrupção de acordo com vários critérios. A mais difundida é a divisão em duas formas principais: a de base, mais baixa (pequena, quotidiana, quotidiana) e a de topo, mais alta (elite, grande escala). A mais perigosa e a mais difundida é a corrupção nas estruturas de poder associadas à utilização dos recursos administrativos.

O atrativo da corrupção de base reside no facto de ter valor não só para o beneficiário (ou extorsionário) do suborno, mas também para quem o dá. O suborno ajuda a resolver problemas quotidianos que surgem constantemente e serve também como um pequeno pagamento pela possibilidade constante de cometer pequenas infracções às leis e regulamentos (por exemplo, regras de trânsito). A corrupção de baixo nível cria condições favoráveis à existência da corrupção de topo, habituando a população a encarar a corrupção como um fenómeno banal que é aceite "por defeito" por uma parte significativa da sociedade.

[10]Eis outra classificação dos tipos de corrupção .

1. Dependendo do objeto da corrupção, o abuso da posição oficial:

-   corrupção do Estado (corrupção de funcionários do Estado);

-   corrupção comercial (corrupção dos dirigentes da empresa);

-   corrupção política (corrupção dos políticos).

2. Dependendo do objeto da corrupção, quem inicia as relações corruptas:

-   solicitar (extorquir) subornos por iniciativa de um funcionário;

-   suborno por iniciativa do peticionário.

3. Dependendo do objeto da corrupção, quem é que dá o suborno:

---

10 Ver: http://www.webkursovik.ru/kartgotrab.asp?id=-96585

- Suborno individual (por um cidadão);

- suborno empresarial (por uma empresa legítima);

- Suborno criminoso (por empresários criminosos - por exemplo, máfia da droga).

4. Dependendo da forma de benefício que o subornador recebe da corrupção:

- subornos em dinheiro;

- troca de serviços (clientelismo, nepotismo).

5. Dependendo do grau de centralização das relações corruptas:

- corrupção descentralizada (cada subornador actua por sua própria iniciativa);

- corrupção centralizada da base para o topo (os subornos regularmente cobrados pelos funcionários de nível inferior são partilhados entre estes e os funcionários mais graduados);

- Corrupção centralizada de cima para baixo (os subornos regularmente cobrados pelos altos funcionários são parcialmente transferidos para os seus subordinados).

6. Dependendo do nível de prevalência de relações corruptas:

- corrupção de base (nos escalões inferiores e médios do poder);

- corrupção no topo (de altos funcionários e políticos);

- corrupção internacional (no âmbito das relações económicas mundiais).

7. Dependendo do grau de regularidade das ligações corruptas:

- corrupção ocasional;

- corrupção sistemática (institucional);

- cleptocracia (a corrupção como parte integrante das relações de poder).

Ao analisar as ligações de corrupção, é muito importante identificar corretamente os seus sujeitos. E aqui é importante prestar atenção ao facto de que, nas condições modernas, o empreendedorismo privado, as empresas próprias, as sociedades anónimas, etc. estão generalizados, dirigidos por pessoas que não são funcionários do aparelho administrativo do Estado, mas cujas acções podem muito bem ser qualificadas como corrupção.

É evidente que a maior parte dos crimes de corrupção são cometidos por funcionários, ou seja, por aqueles que, de forma permanente, temporária ou por autoridade especial, exercem as funções de um representante da autoridade ou desempenham funções organizacionais, administrativas ou económicas nas autoridades e instituições estatais e locais relevantes.

Simultaneamente, algumas categorias de trabalhadores (por exemplo, professores e médicos), que não são representantes do Estado ou das autarquias locais, no exercício das suas funções profissionais (tratamento, realização de exames, etc.) realizam acções que dão origem a direitos e obrigações para outras pessoas (por exemplo, atribuição de um grupo de deficientes, atribuição de notas altas imerecidas nos exames). Nestes casos, são também classificados como funcionários e actuam como sujeitos de corrupção.

[11]Os seguintes conceitos são frequentemente utilizados na literatura moderna para caraterizar as relações de corrupção :

- **Captura do Estado** - tentativas dos empresários de influenciar as decisões dos diferentes níveis e sectores da administração pública (as empresas subornam e compram funcionários e deputados);

- **confisco de empresas** - estabelecimento de um controlo ilegal sobre as empresas por parte dos funcionários, a fim de obter uma renda administrativa (os funcionários utilizam os recursos administrativos para exercer pressão sobre as campanhas); neste caso, a renda não é fornecida por subornos, mas sim pelas empresas e pelos rendimentos delas provenientes;

- **recurso administrativo**. Recurso administrativo (RA) - capacidade de um funcionário para influenciar a gestão dos recursos materiais em função dos seus interesses (próprios ou alheios). O RA aparece geralmente sob a forma de lei telefónica, instruções aos subordinados, pressão sobre estruturas subordinadas, formalmente independentes (polícia, inspeção fiscal, etc.);

- **O conflito de interesses** (CdI) é uma situação de contradição entre os interesses pessoais, privados, de grupo (departamentais, empresariais) e os interesses da comunidade, de toda a sociedade, do Estado (organização, partido). Qualquer pessoa pode entrar numa situação de conflito de interesses: um médico, um engenheiro, um trabalhador, um funcionário, um político;

- **Índice de Perceção da Corrupção** (IPC). O índice classifica os países e territórios numa escala de 0 (nível mais elevado de corrupção) a 100 (nível mais baixo de corrupção).

[12]O tipo mais comum de corrupção é o **suborno**, que é entendido como "valores materiais (artigos, dinheiro, serviços, outros benefícios patrimoniais) aceites por um funcionário em troca de uma ação ou inação no interesse do subornador, que esta pessoa poderia ou deveria ter feito em virtude da sua posição oficial" .

Existem os seguintes tipos de subornos:

- **subornos comerciais** - dados a um funcionário para acelerar o desempenho das suas funções oficiais (por exemplo, a celebração de um contrato para um fornecimento favorável de bens em detrimento de outros concorrentes que oferecem condições mais favoráveis);

- **subornos inibitórios** - pagamento de uma suspensão oculta da ação (por exemplo, suspender a exigência de pagamento de uma multa até ao termo do prazo de prescrição, o que isenta o subornador da responsabilidade pelo fornecimento de produtos de qualidade inferior);

---

11 Ver: Mikhail Gorny. Countering Corruption (Combater a corrupção). http://sudanet.ru/node/12110
12 https://ru.wikipedia.org/wiki/Взятка

- **suborno direto** - pagamento para a realização de um ato ilegal (por exemplo, para obter informações que constituam um segredo comercial) ou inação (por exemplo, atrasar a documentação de uma empresa concorrente para a entrega de bens);

- **contratos de intermediação corruptos**. "Um traço caraterístico (embora longe de ser sempre distinguível) destas transacções, muitas vezes sob a forma de contratos de direito civil ordinário - missões, comissões, consultadoria, assistência - é o pagamento de uma "remuneração secreta" pelo intermediário, ou, dito de forma simples, o suborno de pessoas que, devido à sua posição oficial, ligações, etc., podem influenciar a adoção de uma decisão desejável para o comitente, por exemplo, ao conceder-lhe uma ordem favorável, ao adjudicar-lhe um contrato público vendido através de concursos, etc. [13]Entende-se por comitente a pessoa em nome da qual o representante actua".

No espaço pós-soviético, a combinação direta ou dissimulada de cargos na função pública e em estruturas comerciais não estatais, a prestação de serviços diretos ou indirectos por funcionários públicos a estruturas comerciais não estatais mediante remuneração direta ou dissimulada, a concessão de certos privilégios e benefícios a estruturas comerciais são práticas generalizadas.

Embora a corrupção de base seja generalizada e perigosa, o maior perigo para a sociedade e o Estado é a corrupção mais elevada relacionada com a despesa pública.

[14]Neste domínio, os principais tipos de fontes de enriquecimento corrupto são :

- **Os projectos de investimento são** em grande parte determinados por decisões que os altos funcionários tomam de forma discricionária. Os grandes projectos de investimento (especialmente os que envolvem empresas estrangeiras) implicam frequentemente a transferência de direitos de monopólio para o vencedor do concurso, que promete aos funcionários subornos particularmente elevados.

- **Os contratos públicos** implicam geralmente a seleção da melhor proposta objetiva de entre várias, com base num concurso, mas, por vezes, um funcionário pode assegurar que o vendedor que prometer a "comissão" ("propina") mais elevada do negócio ganhe. Isto é feito limitando a participação no concurso, não anunciando as suas regras na íntegra, etc.

- **As contas extra-orçamentais** são frequentemente criadas com um objetivo legítimo (fundos de pensões, fundos rodoviários, etc.). No entanto, em alguns fundos, por exemplo, para ajudar os deficientes, as receitas podem exceder significativamente as despesas reais, o que estimula o desejo de alguns funcionários de desviar o "excedente". Pelo contrário, em caso de défice, os funcionários decidem muitas vezes, de forma discricionária, quem ficará com o dinheiro no final, muitas vezes com benefícios para si próprios.

[15]No sistema judicial, bem como para os funcionários autorizados a apreciar processos

---

13 Citado em: Zotov V. Será que a mão do tomador vai secar? // Escudo e Espada. 1992. C. 14.
14 Ver: https://ru.wikipedia.org/wiki/Коррупция
15 Ver: https://ru.wikipedia.org/wiki/Коррупция

administrativos que impliquem a imposição de sanções (organismos de assuntos internos, organismos de controlo de incêndios, etc.), as fontes de corrupção são :

- **"bifurcações" na legislação**. Muitas normas têm penas leves e duras, permitindo ao juiz escolher entre elas, o que lhe confere uma influência sobre o infrator. Ao mesmo tempo, quanto maior for a diferença entre os limites superior e inferior da pena, maior será o suborno que o cidadão estará disposto a pagar;

- **sanção administrativa alternativa**. Existem normas de punição alternativas, como a multa ou a detenção. O que as distingue da maioria das normas "bifurcadas" não é apenas um leque mais vasto de punições (e, consequentemente, uma maior motivação para o infrator subornar), mas também o facto de a justiça ser levada a cabo por representantes do poder executivo e não do poder judicial;

- **reclassificação da infração**. Outro tipo de "bifurcação" é a duplicação da infração em diferentes códigos. Isto abre oportunidades para a reclassificação da infração cometida numa categoria mais branda (por exemplo, de penal para administrativa ou civil) ou, inversamente, numa categoria mais grave. Muitas vezes, é difícil distinguir entre crimes e outras infracções devido à redação vaga da legislação e, nessas situações, os juízes (ou funcionários) tomam decisões de forma discricionária, o que abre oportunidades para o suborno e a extorsão;

- **perdas não monetárias dos cidadãos**. Algumas normas jurídicas podem causar corrupção ao imporem ao indivíduo perdas não monetárias associadas à violação da lei. Mesmo que o montante da coima e do suborno para uma infração sejam nominalmente iguais, pode ser mais lucrativo para o infrator pagar o suborno do que perder tempo a pagar a coima ou a contestar a punição em tribunal, como acima referido.

3. Causas da corrupção e suas consequências sociais

A corrupção, enquanto fenómeno social, é extremamente diversificada e pode ter diferentes causas em diferentes países e regiões. Ao mesmo tempo, os investigadores notam que estas causas são comuns em Estados com problemas e desafios semelhantes de ordem económica, política e social. [16]Assim, para os países com economias em transição, que é o tipo de país a que pertence o Cazaquistão moderno, são designadas as seguintes causas comuns de corrupção: "declínio económico, instabilidade política, legislação subdesenvolvida e imperfeita, ineficiência das instituições governamentais, fraqueza das instituições da sociedade civil, falta de fortes tradições democráticas de corrupção".

Estas razões incluem também "o tipo de cultura política subjectiva da esmagadora maioria da população..., a fraqueza do sistema judicial, a consciência jurídica subdesenvolvida da população, o desrespeito pela lei em favor do lucro, a subordinação dos funcionários não à lei, mas aos seus superiores e instruções, a impunidade das violações da lei".

As principais razões para a disseminação da corrupção nas massas mais vastas do nosso

---

16 Mikhail Gorny. Combater a Corrupção. http://sudanet.ru/node/12110

país são a pobreza e o baixo nível de segurança social, o difícil acesso a cuidados médicos gratuitos e a falta de verdadeiros elevadores sociais.

[17]Entre as razões específicas que contribuem para o aumento dos crimes de corrupção contam-se: "relações de mercado imperfeitas na economia, lacunas na legislação, problemas na formação da posição moral dos cidadãos, suborno no aparelho de Estado, ineficácia das agências de aplicação da lei, atraso na apreciação dos casos pelos tribunais, etc." .

As razões para o alastramento da corrupção são tanto objectivas como subjectivas.

A existência de **causas objectivas de** corrupção está relacionada com a complexidade e a natureza multifacetada do processo de gestão da sociedade moderna, que é levado a cabo por uma rede de administradores a vários níveis, dotados de determinados poderes e recursos necessários e que actuam com base em leis e regras especiais. E aqui surgem os seguintes problemas.

1.   A vida real da sociedade moderna é diversificada, multifacetada e complexa a tal ponto que é praticamente impossível prever nas leis e regulamentos todos os casos e conflitos encontrados na prática, o que dá aos funcionários a oportunidade de tomar decisões alternativas, incluindo as que lhes são favoráveis.

2.   Na prática, as leis e os regulamentos estão atrasados em relação à vida real - mudam muito mais lentamente do que as condições externas, o que dá aos funcionários a oportunidade de actuarem à sua discrição, desviando-se das instruções. Caso contrário, a inconsistência de regras e regulamentos desactualizados com a situação real pode abrandar ou parar completamente o trabalho. Mas isso também significa que um administrador nessa situação pode tomar decisões que são favoráveis a si próprio em detrimento da empresa que está a ser gerida.

3.   A complexidade e a natureza multifacetada da sociedade moderna tornam impossível exercer um controlo abrangente sobre as actividades dos gestores a todos os níveis, o que muitas vezes lhes permite tomar decisões de forma independente e incontrolável, incluindo decisões corruptas.

Assim, os princípios de governação na sociedade moderna contêm objetivamente uma oportunidade potencial para a corrupção.

A qualidade das leis também afecta o nível de corrupção: a sua ambiguidade e contradições criam um vasto campo para os funcionários tomarem decisões que lhes são favoráveis.

[18]Vários investigadores referem-se aos "baixos salários no sector público em comparação com o sector privado" como causas objectivas da corrupção.

Em geral, se resumirmos os numerosos trabalhos dedicados a este problema, as principais razões para a disseminação da corrupção nos países em transição, e o

---

17 Malikova A. Sh. Causas e condições que contribuem para o aparecimento da corrupção. sapanet.ru/Kafedra/Podrazd/malikov.doc
18 https://ru.wikipedia.org/wiki/Коррупция

Cazaquistão, repetimos, pertence a este tipo de países, são:

-   declínio económico;

-   instabilidade política;

-   legislação imperfeita;

-   o subdesenvolvimento das instituições de poder e das instituições da sociedade civil;

-   fraqueza das tradições democráticas;

-   a opacidade do governo;

-   Participação ineficaz do público nos processos de luta contra a corrupção.

Ao mesmo tempo, a falta de transparência das autoridades e a participação ineficaz do público nos processos de luta contra a corrupção são apontadas como as principais razões para esta lista.

A não transparência do poder significa o seu fechamento, a ausência ou a restrição do acesso do público em geral à informação sobre as actividades das autoridades, sobre os procedimentos de tomada de decisões. A não transparência das autoridades está também associada à dificuldade e, em casos extremos, à impossibilidade de a população influenciar as autoridades.

A corrupção é mais difícil quando as autoridades são transparentes. "**A transparência do poder** *é a sua abertura, a sua* compreensibilidade *e a possibilidade de o influenciar* (a seguir - sublinhado do compilador - N.M.). **Abertura** significa acesso (em primeiro lugar, à informação sobre as actividades das autoridades, sobre os procedimentos de tomada e execução das decisões do poder, às próprias decisões; acesso às instalações onde as autoridades estão localizadas, etc.). **Compreensibilidade** - é possível compreender o que está acessível (procedimentos, decisões). [19]**Possibilidade de influência** - a possibilidade de utilizar e alterar o que é acessível e compreensível (procedimentos de poder, informações, decisões)".

A participação pública é a participação da população e de várias estruturas da sociedade civil na preparação, adoção e controlo da execução das decisões governamentais. A sua aplicação exige um certo nível de cultura dos participantes, o que implica a disponibilidade das autoridades e das estruturas da sociedade civil para a cooperação mútua.

Quanto à **ineficácia da participação do público** nos processos de luta contra a corrupção, nos países que iniciaram o caminho de transição do totalitarismo para a democracia, ela deve-se precisamente, em primeiro lugar, ao desinteresse das autoridades pela participação do público nos seus assuntos, ao seu desejo de manter os "estranhos" fora deles e, em segundo lugar, ao baixo nível de cultura política da população, à sua falta de vontade ou de motivação para lutar contra a corrupção.

As causas subjectivas da corrupção incluem a já referida baixa cultura política da

---

19 Mikhail Gorny. Combater a Corrupção. http://sudanet.ru/node/12110

população, bem como a baixa qualidade da formação dos funcionários públicos.

A corrupção só surge em situações em que as pessoas começam a colocar os seus próprios interesses acima dos interesses públicos, e esta é uma razão subjectiva importante para a disseminação da corrupção. A viragem acentuada no espaço póssoviético para os valores e a ideologia do individualismo liberal cultivados no Ocidente conduziu a uma mudança nas atitudes sociais e psicológicas de muitas pessoas, para as quais o dinheiro se tornou o principal valor e a corrupção o principal meio de enriquecimento.

Esta mudança de atitudes sócio-psicológicas manifesta-se na desmoralização da sociedade, na falta de sensibilização e de organização dos cidadãos e na passividade pública perante a permissividade e a arbitrariedade dos funcionários corruptos. Uma diferença significativa entre os valores declarados e os valores reais forma um "duplo padrão" de moralidade e comportamento entre os cidadãos. Nestas condições, o dinheiro torna-se a medida de tudo na sociedade, o valor de uma pessoa é determinado pelo tamanho da sua fortuna pessoal, independentemente dos meios para a obter, os reguladores sociais civilizados do comportamento das pessoas são desvalorizados e quebrados: normas de moralidade, lei, religião, opinião pública e outras.

Esta mudança, por um lado, é uma causa importante da propagação da corrupção e, por outro, a degradação moral da sociedade é uma consequência negativa importante da corrupção. Por outras palavras, a corrupção é uma das causas da referida desmoralização da sociedade.

Nas condições actuais, a corrupção é o principal perigo e ameaça à própria existência da sociedade, destruindo a sua economia, o aparelho de poder e até o próprio Estado, cujos representantes, representados por funcionários, em vez de resolverem os problemas públicos, trabalham para si próprios, resolvendo os seus problemas pessoais ou os problemas de clãs individuais. O fenómeno está presente em todas as camadas da sociedade: autoridades, empresários, organismos públicos.

V.Y. Meytus compara a corrupção a um tumor canceroso que corrói o organismo social. "A corrupção, tal como um cancro, corrói este organismo, os seus sistemas de funcionamento, de produção e de defesa, perturbando até os elementos genéticos da sociedade e, através deles, o património genético do país em que a sociedade existe. [20]Além disso, tendo origem num lugar, a corrupção espalha as suas metástases para outros órgãos, destruindo o seu trabalho e envenenando todo o organismo".

O alastramento da corrupção tem graves consequências económicas, políticas e sociais.

Consequências económicas da corrupção: utilização ineficaz dos fundos orçamentais, aumento dos preços devido aos custos da corrupção, expansão da economia paralela, redução da eficiência do mercado, etc.

A corrupção perturba o mecanismo de concorrência do mercado, dando a vantagem não a quem é competitivo, mas a quem subornou; promove o monopólio na economia, reduz a eficiência do seu funcionamento e desacredita a ideia de livre concorrência. A

---

20 Meytus V.Y. Corrupção. Análise económica e de informação. M., 2003. C. 6.

distribuição corrupta de contratos públicos e a atribuição de empréstimos dificultam a implementação efectiva dos programas governamentais.

A privatização é uma importante fonte de corrupção. Os danos económicos significativos são determinados pela escala da privatização e pelo fraco controlo do seu progresso. As violações da corrupção manifestam-se na apropriação indevida de fundos, na subavaliação dos preços dos objectos privatizados, na manipulação das condições dos concursos, na aquisição de empresas por funcionários através de mandatários e outros.

A corrupção no sector bancário manifesta-se na obtenção de empréstimos, créditos e créditos favoráveis; conduz a uma diminuição das receitas fiscais para o orçamento do Estado, à saída de capitais para o estrangeiro e prejudica a capacidade do Estado para desempenhar eficazmente as suas funções económicas, políticas e sociais.

Infelizmente, o nosso país não calcula os prejuízos económicos causados à sociedade e ao Estado pelas transacções corruptas. [21]No entanto, é possível obter uma ideia da dimensão destes danos a partir de dados relativos a outros países.

Na Rússia, o nível de corrupção abrangeu mais de 80% do aparelho de Estado e o montante total dos fundos angariados para esse efeito ultrapassou as centenas de milhares de milhões de dólares.

Em Itália, a despesa pública na construção de estradas diminuiu 20% na sequência da Operação Mãos Limpas, uma operação anti-corrupção.

De acordo com uma investigação efectuada por cientistas da Universidade de Harvard, estima-se que a redução da corrupção de um país do nível do México para o nível de Singapura produz um efeito equivalente a um aumento de 20% na cobrança de impostos.

A fonte mais comum de grande corrupção em todo o mundo são os contratos públicos e as aquisições. Para estes, as avaliações de danos (e tendem a ser as mais significativas) têm sido efectuadas com mais frequência. De acordo com as estimativas, os prejuízos causados pela corrupção neste domínio excedem frequentemente 30% de todas as despesas orçamentais relativas a estas rubricas.

De acordo com Udo Miller, chefe da Câmara de Auditoria do Estado de Hesse (Alemanha), os subornos neste domínio atingem frequentemente 20% do montante dos negócios celebrados; ao mesmo tempo, os subornos não são pagos em dinheiro, mas são transferidos para as pessoas em causa através de empresas de fachada ou assumem a forma de facturas inflacionadas pelos trabalhos realizados. Os peritos estimam que cerca de 40% de todos os edifícios encomendados pelas autoridades federais, estatais e municipais são sobrefacturados. De acordo com o Procurador-Geral de Frankfurt am Main, a corrupção na construção civil causa um prejuízo anual de 10 mil milhões de marcos alemães ao Estado, em especial ao inflacionar em 30% o custo real das obras.

Consequências políticas da corrupção: contribui para a deslocação dos objectivos

---

21 Ver: Política estatal de luta contra a corrupção e a economia paralela na Rússia.
Materiais da Conferência Científica de toda a Rússia (Moscovo, 6 de junho de 2007). - M., 2007. C. 252-254.

políticos nacionais para objectivos de clãs e de grupos, o que mina o prestígio do país na cena internacional e provoca o seu isolamento político e económico (poucos actores estrangeiros sérios quererão envolver-se com representantes de tais interesses de clãs e de grupos). É a partir das figuras que escondem os seus capitais de corrupção no estrangeiro que se pode formar uma "quinta coluna", capaz de trair os interesses da segurança nacional do país. [22]"A corrupção reduz a confiança dos cidadãos nas autoridades, desilude os valores da democracia e pode contribuir para a transição para uma outra forma mais rígida de estrutura do Estado - a ditadura" .

Consequências sociais: a corrupção provoca uma redistribuição injusta dos benefícios da vida a favor de grupos oligárquicos restritos, aumentando a desigualdade de propriedade entre a população, o empobrecimento de uma parte significativa da sociedade e o aumento das tensões sociais que ameaçam a estabilidade política do país. Na consciência pública, existe a perceção da indefensabilidade dos cidadãos face às autoridades e ao crime.

4. Corrupção no Cazaquistão

Como já foi referido, o problema da corrupção também é relevante para o Cazaquistão moderno. O nosso país é um dos países mais corruptos do mundo. Em 2016, de acordo com a organização não governamental internacional Transparência Internacional, o Cazaquistão ocupava o 131.º lugar entre 176 países em termos de perceção da corrupção (29 pontos em 100).

Tal como noutros países, a corrupção de base é a mais generalizada no Cazaquistão, abrangendo os níveis médio e inferior da administração pública e envolvendo contactos diretos da população com funcionários. A maioria da população da República está regularmente associada a este tipo de relações corruptas. Muitas vezes, estas relações são iniciadas pela população: surgem quando é mais lucrativo para um cidadão dar um suborno a um funcionário do que perder tempo a deslocar-se a um banco para pagar, por exemplo, uma multa por uma infração de trânsito ou para acelerar o tempo de obtenção, por exemplo, de uma autorização para abrir uma loja.

Mas o maior prejuízo para a sociedade e para o Estado é causado pela maior corrupção, que envolve altos funcionários públicos envolvidos na análise de financiamentos, empréstimos, privatizações, contratos públicos, operações bancárias, que muitas vezes tomam decisões sobre contratos públicos de vários milhares de milhões de dólares para a construção de grandes estruturas, etc.

Os seguintes exemplos mostram a escala da mais alta corrupção no nosso país: de acordo com relatos da imprensa, em 2014 foram levados à responsabilidade criminal: o ex-presidente da Agência de Regulação de Monopólios Naturais M. Ospanov (por suspeita de receber um suborno de 300 mil dólares), o antigo chefe da empresa nacional "Kazakhstan Farysh Sapary" G. Myrzakulov (condenado a 12 anos de prisão sob a acusação de receber um suborno de 272 mil dólares e mais de 75 milhões de tenge). Myrzakulov (condenado a 12 anos de prisão por ter recebido um suborno de 272 mil

---

22 Malikova A. Sh. Causas e condições que contribuem para o aparecimento da corrupção. sapanet.ru/Kafedra/Podrazd/malikov.doc

dólares e mais de 75 milhões de tenge), o Vice-Ministro da Defesa General B. Maikeev (condenado a seis anos de prisão por ter recebido um suborno de cerca de 1 milhão e 500 mil dólares), o antigo Vice-Ministro da Agricultura M. Umiryaev (condenado a 10 anos de prisão por ter recebido um suborno avultado de um empresário). Estes exemplos podem continuar.

A natureza enraizada da corrupção no Cazaquistão e a dificuldade de a combater são evidenciadas pelo seguinte facto. De acordo com o Programa Republicano de Luta contra a Corrupção para 2011-2015, aprovado pelo Governo, o Cazaquistão deveria ter alcançado, até 2015, o 90.º lugar na classificação da Transparência Internacional no que respeita ao Índice de Perceção da Corrupção. No entanto, tal como acima referido, em 2015 ainda se encontrava no 140.º lugar.

O rápido alastramento da corrupção no Cazaquistão, tal como noutras repúblicas da antiga União Soviética, surge a partir do final dos anos 80, quando começou a desnacionalização da economia com base nas leis adoptadas sobre empresas estatais e arrendamentos, sobre cooperação, etc., e especialmente a partir do início dos anos 90, quando começou a privatização das empresas estatais, na qual os representantes do antigo aparelho burocrático soviético, os altos funcionários do partido, os seus familiares e conhecidos tomaram parte ativa. "Com capital inicial sob a forma de contactos pessoais, recursos financeiros e alavancas de gestão, criaram cooperativas, centros de cooperação científica e técnica de jovens..... [23]Cerca de 10% das estruturas comerciais do final dos anos 80 e início dos anos 90 foram criadas com a nomenclatura do Partido e do Komsomol".

É neste período que se estabelece a ligação criminosa e corrupta entre as empresas e o Estado, esbatendo a fronteira entre os interesses privados e públicos e começando a difundir a consciência da corrupção não só entre as autoridades, mas também entre as empresas e a sociedade em geral.

De acordo com os peritos, o nível mais elevado de corrupção no Cazaquistão moderno regista-se na estrutura aduaneira e no sistema judicial. Como observou o antigo Secretário de Estado da República do Cazaquistão, M. Kul-Mukhamed, "apesar dos repetidos avisos severos do chefe do nosso Estado, o nível de corrupção no país está a diminuir muito lentamente. As autoridades aduaneiras são objeto de queixas especiais nesta matéria. Foi aqui que se formou um ambiente corrupto, a que se pode chamar toda uma indústria. Com a adesão do Cazaquistão à União Aduaneira, esta tendência está a tornar-se particularmente relevante. [24]Por conseguinte, todas as questões relacionadas com ela devem ser objeto de um controlo estatal rigoroso".

As técnicas de contrabando generalizaram-se no Cazaquistão, onde as mercadorias são registadas nos postos fronteiriços como sendo importadas ao abrigo de um "regime de importação temporária", para o qual não são aplicados impostos especiais de consumo. Mas, em vez de serem exportadas do país, essas mercadorias são vendidas no mercado interno. Nos Estados pós-soviéticos são utilizados regimes idênticos para exportar

---

23 S.P.Peregudov, N.Y.Lapina, I.S.Semenenko. Interest Groups in the Russian State (Grupos de Interesse no Estado Russo). - Moscovo: Editorial UrsS, 1999. C.68.
24 Citado em: http://www.ide.go.jp/Japanese/Publish/Download/Report/2012/pdf/C24_ch3.pdf

mercadorias supostamente "isentas de direitos", que são depois vendidas aos consumidores no mercado interno.

A escala e as tendências da propagação da corrupção no nosso país são evidenciadas pelos seguintes factos: enquanto em 2012 foram detectados 1 659 000 crimes de corrupção no Cazaquistão, só nos primeiros sete meses de 2015. - 1 728 000 (os números a seguir apresentados foram retirados do artigo de D. Satpayev "Corruption in Kazakhstan and the quality of public administration". http://www.ide.go.jp/Japanese/Publish/Download/Report/2012/pdf/ C24_ch3.pdf). O volume de negócios da economia paralela no Cazaquistão ultrapassa os 30 mil milhões de dólares por ano, parte do qual é gasto em serviços corruptos; cerca de 20% das empresas pagam subornos a funcionários. A dimensão da economia "paralela" representa pelo menos 20% do produto interno bruto e, segundo alguns peritos, este valor atinge os 40%. E, de acordo com alguns peritos, assim que o nível da economia "paralela" ultrapassa 33% do PIB e mais de 40% da população está aí empregada, a economia deixa de responder às medidas reguladoras do Estado e há uma séria ameaça à segurança nacional do país no seu todo.

Todos os anos, os contratos públicos representam 15-20% do número total de infracções de corrupção identificadas.

Para além dos contratos públicos, a corrupção está muito disseminada nos domínios do sistema de licenças e autorizações e da execução das funções de controlo e supervisão.

A grande dimensão da economia paralela no país está associada à presença de centros de poder informais, que constituem uma espécie de simbiose entre funcionários corruptos e   o crime organizado.

A dimensão colossal da economia "paralela" provocou uma grande saída de recursos financeiros do país. De acordo com alguns dados, nos últimos 20 anos, cerca de 138 mil milhões de dólares foram retirados do país para o exterior.

Todos estes fenómenos não podem deixar de ter um impacto negativo na cultura jurídica da população e de provocar graves distorções nas orientações de valor da população, conduzindo à "criminalização da consciência" de um número significativo de cidadãos. [25]A escala de propagação da "criminalização da consciência" dos cidadãos do Cazaquistão pode ser avaliada pelo seguinte facto. Na cidade de Semey, um capitão da polícia, por motivos egoístas e fraudulentos, organizou o "recrutamento" de funcionários do mítico "Departamento Ultra-Secreto (SSD) do KNB RK" para receberem subornos. Ao longo de vários meses, centenas de pessoas (!), depois de terem dado ao autor da fraude um total de 22 milhões de tenge em subornos, tentaram obter um lugar nesta estrutura inexistente. Como observou o economista cazaque K. Berentaev, "...formou-se no Cazaquistão um 'sistema de valores de uma pessoa corrupta', a corrupção tornou-se a norma, não é considerada imoral. [26]Na esfera

---

25 Ver: T. Kuchukov. Lançando a segurança nacional, ou Aventuras incomuns do capitão Tukenova / Vremya, 22.10.2015. C. 6.
26 Citado de: Amina Jalilova. Mesa redonda "Corrupção na República do Cazaquistão: segurança em perigo". 16.05.2012. Fonte: http://panoramakz.com/archiv/2011/30.htm

económica, em vez de haver concorrência na qualidade dos bens e serviços, há "concorrência no mercado dos subornos".

As relações corruptas também penetraram profundamente no sistema de seleção de pessoal para cargos governamentais de responsabilidade: há cada vez mais casos em que, durante o processo de seleção, a prioridade não é dada ao profissionalismo e às elevadas qualidades morais do candidato, mas sim à lealdade pessoal e ao nepotismo, bem como àquele que dará um grande suborno.

Esta abordagem conduz à paralisia do poder a todos os níveis, porque um funcionário que gastou num suborno, que assumiu o seu posto, pensa mais em como devolver e multiplicar o dinheiro gasto, do que na causa.

Nos últimos anos, no Cazaquistão, a nível local, espalhou-se a prática da criação de fundos territoriais em quase todos os akimat, para os quais os representantes das empresas devem fazer contribuições "voluntárias", que, segundo os autores desta ideia, se destinam "a ajudar órfãos, famílias com baixos rendimentos, melhoria de áreas públicas, etc.". Na realidade, estes fundos criam um terreno fértil para a corrupção, uma vez que são gastos sem controlo.

Como se pode depreender do que precede, a corrupção no nosso país criou raízes profundas, penetrou em todos os poros do organismo social e constitui uma ameaça para a segurança do Estado da República do Cazaquistão.

TEMA 2. EXPERIÊNCIA INTERNACIONAL NA APLICAÇÃO DE POLÍTICAS ANTI-CORRUPÇÃO

Plano

1. A corrupção na história da cultura mundial.

2. Meios jurídicos internacionais de luta contra a corrupção.

3. Experiência dos esforços anti-corrupção em países selecionados.

1. A corrupção na história da cultura mundial

A corrupção, enquanto fenómeno social, é conhecida desde a Antiguidade e tem provavelmente origem no costume de oferecer presentes, tendo surgido muito antes do aparecimento do Estado. Com o aparecimento do Estado e à medida que este se desenvolveu e se tornou mais complexo, com o aparecimento de uma camada de funcionários profissionais, a corrupção generalizou-se. Nos monumentos literários existentes no Egito, na Mesopotâmia, na Judeia, na Índia e na China - em todos os centros das antigas civilizações orientais - há informações sobre tentativas de combater este fenómeno. No tratado indiano do século IV a.C. O "Arthashastra" refere que "os bens do rei não podem ser, mesmo que de forma insignificante, desviados por aqueles que têm a seu cargo esses bens". Enumera 40 formas de desviar os bens do Estado e chega à conclusão dececionante de que é mais fácil adivinhar o caminho dos pássaros no céu do que os truques de funcionários astutos.

Nos monumentos literários do Antigo Egito, onde se formou um enorme aparelho burocrático de funcionários, criando a anarquia e a arbitrariedade em relação ao cidadão comum, foi dada especial atenção à venalidade dos juízes, que muitas vezes decidiam os litígios judiciais a favor de quem dava um suborno maior.

Não é por acaso que os monumentos antigos falam, antes de mais, da corrupção dos juízes. Encontramos também a condenação da corrupção nos textos sagrados do Cristianismo e do Islão. "Não aceitarás presentes, porque os presentes fazem ver o cego e desviam a causa do justo" (Bíblia, Êxodo 23:8). "Não vos aproprieis ilegalmente dos bens uns dos outros, nem suborneis os juízes para se apropriarem deliberadamente de uma parte dos bens alheios" (Alcorão, 2:188).

O termo "corrupção" já era utilizado na Roma Antiga com os significados de: [27]"trocar um testemunho em tribunal por dinheiro" e "subornar um juiz": "Considerarias um duro decreto de lei punir com a morte o juiz ou o mediador que fosse nomeado no julgamento [para julgar um caso] e se descobrisse que tinha aceite uma gratificação nesse caso?" .

Como podemos ver, a história da corrupção é tão antiga como a história da civilização humana que conhecemos, independentemente do local onde teve lugar: no Egito, em Roma ou na Judeia. A vingança é mencionada nas crónicas russas do século XIII. A primeira restrição legislativa das práticas corruptas pertence a Ivan III. E sob o reinado

---

[27] Crestomatía sobre a história do Estado e do direito dos países estrangeiros / ed. por V. A. Tomsinov. A. Tomsinov. - Moscovo: Zertsalo, 1999. C. 120.

de Ivan, o Terrível, a pena de morte foi introduzida pela primeira vez como punição por suborno excessivo.

Durante muito tempo, a corrupção foi encarada principalmente de um ponto de vista ético, como um problema moral, um mal inevitável causado pela moral existente, e só a partir do final do século XVIII, no Ocidente, se verificou uma mudança de atitude da sociedade em relação a este fenómeno.

A influência das ideias dos grandes iluministas franceses moldou gradualmente a ideia de que o poder do Estado existe para os cidadãos, em seu benefício; é criado e mantido pelos súbditos em troca de um serviço honesto e desinteressado dos funcionários aos seus interesses. E já no primeiro documento estatal do mundo baseado nas ideias destes pensadores, a Constituição dos Estados Unidos de 1787, a Constituição dos Estados Unidos sublinha que "por motivo de alta traição, é para benefício dos cidadãos". - Sublinha-se que "por motivo de traição, suborno ou qualquer outro crime grave ou contravenção punível por lei" (n.º 4 do artigo 11.º), o Presidente pode ser destituído do poder pelo Congresso dos EUA.

Nos países mais desenvolvidos democraticamente, nos séculos XIX e XX, a sociedade começou a exercer cada vez mais influência sobre a qualidade do trabalho do aparelho de Estado, o que levou a uma diminuição do nível de corrupção nesses países em comparação com outros. Isto apesar do reforço dos partidos políticos e da regulação estatal nestes países, o que levou a um novo tipo de corrupção - o conluio entre a elite política e o grande capital.

Durante este período, desenvolve-se o grande capital privado que, em condições de reforço da regulação estatal e do poder dos funcionários, começa a recorrer à "captura do Estado" - à subordinação direta das actividades dos políticos e dos altos funcionários à defesa dos interesses do capital.

A crescente influência dos partidos políticos após a Segunda Guerra Mundial nos países ocidentais deu origem à chamada corrupção política, cuja essência é o facto de as grandes empresas e as corporações transnacionais pagarem, não pessoalmente aos políticos, mas aos cofres dos partidos, para exercerem pressão sobre os seus interesses.

Na segunda metade do século XX, a corrupção entrou na arena internacional: o suborno de altos funcionários de muitos países por empresas transnacionais tornou-se generalizado. Um exemplo clássico é o escândalo da empresa americana Lockheed, que na década de 1970 pagou subornos avultados a políticos e funcionários de alto nível na Alemanha, no Japão e noutros países, a fim de vender os seus aviões. Por esta altura, a corrupção começou a ser reconhecida como um dos problemas globais do nosso tempo, impedindo o desenvolvimento de todos os países do mundo.

Era frequentemente uma situação paradoxal quando uma mesma pessoa ocupava simultaneamente posições importantes nos sectores estatal e comercial da economia; em consequência, muitos funcionários abusavam da sua posição, nem sequer aceitando subornos, mas protegendo diretamente os seus interesses pessoais.

Na década de 1990, o suborno de funcionários públicos generalizou-se nas antigas repúblicas soviéticas, incluindo o Cazaquistão.

2. Instrumentos jurídicos internacionais contra a corrupção

O primeiro Estado a adotar legislação anti-corrupção foram os EUA. Já em 1977, foi adoptada a Lei sobre Práticas de Corrupção no Estrangeiro. Depois dos EUA, a legislação anti-corrupção foi desenvolvida noutros países que reconheceram o perigo da corrupção para o seu desenvolvimento político e económico. Cada vez mais políticos começam a aperceber-se de que este mal só pode ser combatido com os esforços de toda a comunidade internacional. Além disso, a luta internacional contra a corrupção não deve ser apenas um sistema de relações sobre questões de anti-corrupção entre Estados representados pelos seus organismos, mas também entre organizações internacionais governamentais e não-governamentais, empresas transnacionais, organismos financeiros e outras organizações. Este sistema deve incluir políticas, estratégias e tácticas anticorrupção acordadas, o desenvolvimento de acordos e tratados internacionais e a sua incorporação na legislação nacional dos Estados.

[28]A adoção de legislação sobre a corrupção em muitos países permitiu acumular alguma experiência no combate a este flagelo e permitiu identificar as etapas necessárias na organização deste trabalho, sendo as principais :

1.   O reconhecimento pelo Estado e pelos cidadãos do país do problema da corrupção como uma ameaça à segurança nacional;

2.   Distinguir entre os aspectos internos e externos, políticos e económicos da ameaça;

3.   Elaboração de legislação estável e eficaz em matéria de luta contra a corrupção, tendo em conta a experiência de outros Estados;

Ver: http://edu53.ru/np-includes/upload/2012/07/13/2631.pdf

4.   Criação de um mecanismo eficaz de luta contra a corrupção, incluindo um sistema judicial independente;

5.   Cultivar uma atmosfera de intolerância e de total rejeição do comportamento corrupto de membros individuais e de grupos sociais na sociedade.

Esta experiência levou a uma conclusão muito importante: a corrupção só pode ser derrotada através da união dos esforços das agências governamentais, da sociedade civil e da comunidade internacional no seu conjunto.

[29]E mais uma conclusão da experiência da luta nacional contra a corrupção: para a derrotar é preciso :

1.   Forte vontade política dos dirigentes dos países e uma política estatal unificada contra a corrupção;

2.   Controlo social permanente da sociedade civil sobre todo o sistema de administração pública;

3.   Uma responsabilização rigorosa dos responsáveis perante organismos

---

28 Ver: http://edu53.ru/np-includes/upload/2012/07/13/2631.pdf
29 Ver: http://edu53.ru/np-includes/upload/2012/07/13/2631.pdf

verdadeiramente independentes, que, por sua vez, têm o poder de os responsabilizar, independentemente do seu estatuto social.

Por último, a análise da experiência de cada país demonstrou que "se tudo o resto se mantiver igual, os resultados da luta contra a corrupção são mais visíveis quando as tradições históricas, a mentalidade nacional, a experiência religiosa e outros factores espirituais e morais asseguram a formação na consciência pública de uma imagem do funcionário como uma pessoa respeitada. [30]Uma pessoa cuja tarefa é a defesa do Estado e a proteção dos direitos e interesses dos cidadãos".

A globalização, cada vez mais difundida no mundo, faz com que a corrupção tenha um impacto cada vez mais negativo no desenvolvimento da maioria dos países e, além disso, assume um carácter transnacional. Esta circunstância não podia deixar de levar a comunidade internacional a esforçar-se por desenvolver meios internacionais de luta contra este fenómeno. [31]A comunidade internacional foi confrontada com a tarefa de desenvolver uma estratégia internacional anti-corrupção, que representaria um conjunto de medidas jurídicas, políticas e organizacionais destinadas a :

- formação de atitudes anti-corrupção na sociedade;

- sensibilização para os danos causados pela corrupção;

- garantir normas internacionais de qualificação dos crimes de corrupção, unificação dos parâmetros jurisdicionais;

- criar uma atmosfera de transparência, principalmente no sector financeiro, para garantir a deteção de actos de corrupção;

- o respeito do princípio da inevitabilidade da pena;

- Garantir às entidades afectadas uma indemnização justa pelos danos causados pelos crimes de corrupção.

Desde a década de 1970, o problema da corrupção tem estado na agenda de vários fóruns internacionais. Assim, nos materiais do V Congresso das Nações Unidas sobre a Prevenção do Crime e o Tratamento dos Delinquentes (1975), a corrupção foi pela primeira vez referida como um dos tipos de crime perigoso, e na Resolução do VIII Congresso das Nações Unidas (1990) foi classificada como um problema global que ameaça toda a humanidade.

Foram adoptados vários instrumentos especificamente dedicados ao combate à corrupção: a resolução sobre "Corrupção na Administração Pública" (1990), a declaração sobre "Combate à Corrupção e Suborno nas Transacções Comerciais Internacionais" (1996), o "Código Internacional de Conduta para Funcionários Públicos" (1996), o "Programa Global contra a Corrupção" (1999) e a "Convenção contra o Crime Organizado Transnacional" (2000). Estes instrumentos definem o conceito de corrupção criminosa e fornecem orientações aos Estados sobre a criminalização de actos de corrupção e o desenvolvimento de medidas para prevenir e detetar a corrupção entre funcionários públicos, a fim de garantir que a corrupção é

---

30 http://edu53.ru/np-includes/upload/2012/07/13/2631 .pdf

[31] См.: http://www.law.edu.ru/doc/document.asp?docID=1222884&subID=100087759, 100087761

efetivamente combatida com base em normas comuns.

Em outubro de 2003, a "Convenção das Nações Unidas contra a Corrupção" foi adoptada como um instrumento **vinculativo** para todos os Estados que a ratificaram.

Com o objetivo de chamar a atenção da comunidade mundial para o problema da corrupção, as Nações Unidas instituíram o Dia Internacional contra a Corrupção, a 9 de dezembro.

A Transparência Internacional (Transparency International, que significa Transparência Internacional), uma organização independente e sem fins lucrativos para o estudo e a luta contra a corrupção, foi criada em 1995. O principal objetivo da organização é criar um ambiente anti-corrupção que impeça a existência e a propagação da corrupção. Para atingir este objetivo, a TI publica relatórios anuais com os dados do IPC (Índice de Perceção da Corrupção) para a maioria dos países do mundo, a fim de criar uma atitude anti-corrupção na sociedade e uma atmosfera de intolerância em relação à corrupção.

Atualmente, o principal documento internacional anticorrupção pelo qual a maioria dos países se guia é a Convenção das Nações Unidas contra a Corrupção, ratificada pela República do Cazaquistão em maio de 2008. [32]Este documento, elaborado no contexto da crescente preocupação da comunidade mundial com a escala de desenvolvimento e as reivindicações da corrupção, define os seguintes objectivos :

- Promover a adoção e o reforço de medidas destinadas a prevenir e a combater a corrupção de forma mais eficaz e eficiente;

- Promover, facilitar e apoiar a cooperação internacional e a assistência técnica na prevenção e combate à corrupção, incluindo a recuperação de activos;

- Promover a integridade, a responsabilidade e a boa gestão dos assuntos públicos e da propriedade pública (cap. 1, art. 1.º).

[33]A Convenção também define o âmbito de aplicação da - na prevenção, investigação e repressão da corrupção e na suspensão de transacções (congelamento), apreensão, confisco e devolução de produtos de infracções estabelecidas em conformidade com esta convenção (Cap. 1, Art. 3).

Não é necessário, observa a Convenção, que sejam causados danos ou prejuízos aos bens do Estado na prática da infração, mas sim que o ato de corrupção seja evidente.

A adoção da Convenção foi precedida de um longo período de preparação. Entre 1996 e 1999, várias organizações regionais internacionais prepararam e adoptaram documentos relacionados com a Convenção. Entre elas contam-se a União Africana, a União Europeia, a Liga dos Estados Árabes, a Organização dos Estados Americanos, a Organização de Cooperação e de Desenvolvimento Económicos, o Conselho da Europa, o Conselho de Cooperação Aduaneira e outras.

O preâmbulo da Convenção sublinha que os problemas causados pela disseminação

---

32 Ver: http://articlekz.com/article/6958
33 Ver: http://articlekz.com/article/6958

internacional da corrupção constituem ameaças à estabilidade e à segurança das sociedades, minam os princípios da democracia; estão em conflito com os valores democráticos e éticos, contradizem as ideias de justiça e são prejudiciais ao desenvolvimento sustentável e ao Estado de direito.

A corrupção, diz-se aqui, tem causado enormes danos ao desenvolvimento sustentável, reconhecido pela comunidade internacional como a base para superar a pobreza, o subdesenvolvimento e a desigualdade, tanto dentro dos países como entre eles. Atingiu sobretudo os países onde o desenvolvimento sustentável é mais necessário, destruindo as expectativas da população. Os representantes da comunidade internacional estão "preocupados com ... [34]com os casos de corrupção que envolvem grandes quantidades de activos, que podem representar uma proporção significativa dos recursos dos Estados, e que põem em risco a estabilidade política e o desenvolvimento sustentável desses Estados" .

[35]A comunidade internacional, afirma o preâmbulo, "está convencida de que a corrupção deixou de ser um problema localizado para se tornar um fenómeno transnacional que afecta as sociedades e as economias de todos os países, tornando essencial a cooperação internacional na prevenção e no combate à corrupção" .

É por esta razão que a Convenção das Nações Unidas propõe uma coordenação ampla e eficaz de esforços para reduzir o nível de crimes de corrupção tanto em países individuais como na comunidade global no seu conjunto. As formas de cooperação previstas incluem várias opções que vão desde a assistência técnica à assistência jurídica mútua dos Estados. As medidas incluem a devolução dos activos bancários ao país de origem, caso se comprove a sua natureza corrupta.

As instituições da sociedade civil e as diversas organizações não governamentais ocupam um lugar importante na política de luta contra a corrupção, devendo ser incentivadas e criadas condições para o seu acesso aos organismos competentes em matéria de luta contra a corrupção, respeitando o anonimato das personalidades.

[36]Para além de definir o próprio conceito de "corrupção", a Convenção fornece quase toda a lista de tipos de crimes de corrupção, sendo os principais :

- suborno de funcionários públicos nacionais;

- suborno de membros de órgãos representativos do Estado;

- suborno de figuras políticas estrangeiras;

- suborno no sector privado;

- suborno de funcionários de organizações internacionais;

- suborno de juízes;

- utilização da posição oficial para benefício pessoal;

---

34 Política estatal de combate à corrupção e à economia paralela na Rússia / Materiais da Conferência Científica de toda a Rússia (Moscovo, 6 de junho de 2007) - M., Perito Científico, 2007. C. 271-272.
35 Citado em: Política de Estado de Combate à Corrupção ... C. 274.
36 Ver: http://edu53.ru/np-includes/upload/2012/07/13/2631.pdf

-    branqueamento de capitais provenientes de infracções aquisitivas.

O documento sublinha que as penas para todas estas infracções devem ser adaptadas às leis nacionais de cada país signatário da Convenção.

A Convenção atribui um lugar especial aos problemas da cooperação internacional e do auxílio judiciário mútuo para a recuperação de bens roubados e transferidos para fora do Estado no âmbito de actos de corrupção.

A Convenção desafia os Estados Partes a estabelecerem um quadro legislativo nacional contra a corrupção. Este quadro deve ser bastante amplo e incluir todos os actos de corrupção possíveis.

A nível regional, a legislação anti-corrupção é complementada por documentos do Conselho da Europa, da União Europeia, da Organização dos Estados Americanos, da Comunidade de Estados Independentes e outros. Por exemplo, a Convenção Penal sobre a Luta contra a Corrupção da Comunidade Europeia (1999), a Convenção da Organização para a Cooperação e Desenvolvimento Económico sobre a Luta contra a Corrupção de Agentes Públicos Estrangeiros nas Transacções Comerciais Internacionais (1999) e outros.

3 Experiências anti-corrupção em países selecionados

A diversidade de formas e tipos de corrupção dá origem a uma variedade de formas de a combater, desde a perseguição e afastamento de indivíduos corruptos dos seus cargos, multando-os e encarcerando-os em alguns países, até à execução desses infractores noutros (por exemplo, na China).

Numa análise comparativa da corrupção no mundo, todos os países se dividem, grosso modo, em dois grandes grupos - aqueles em que a luta contra a corrupção produz resultados significativos e os países com resultados praticamente nulos dessa luta.

O estudo dos programas anti-corrupção implementados em países que obtiveram um sucesso significativo nesta luta é de grande importância prática para a utilização da sua experiência em países com maus resultados, entre os quais o Cazaquistão (IPC - 29 pontos em 100).

[37]Os países menos corruptos do top 20 em termos de classificação da corrupção e que criaram uma estratégia anti-corrupção a nível estatal são, por ordem decrescente: Dinamarca, Nova Zelândia, Finlândia, Suécia, Suíça, Noruega, Singapura, Países Baixos, Canadá, Alemanha, Luxemburgo, Reino Unido, Austrália, Islândia, Bélgica, Hong Kong, Áustria, Estados Unidos, Irlanda .

Os governos destes países reconhecem a corrupção como um grave problema de segurança nacional e encaram-na como uma ameaça externa e interna. Por conseguinte, os esforços para travar a corrupção nestes países são extensos e normalmente institucionalizados, ou seja, criaram organismos e programas especiais de luta contra a corrupção.

---

[37] Ver: http://www.transparency.org/cpi2014/results

Vejamos as particularidades dos esforços de luta contra a corrupção em alguns deles.

[38]**Os Estados Unidos da América** (18º país mais corrupto) foram dos primeiros a desenvolver e a aplicar uma estratégia global de luta contra a corrupção, cujos principais domínios são :

- reforma económica destinada a enfraquecer a regulamentação estatal;

- aumentar a abertura dos processos administrativos;

- reestruturar as actividades do aparelho de Estado, reduzir as estruturas burocráticas e diminuir a sua influência na economia;

- Melhorar o funcionamento dos tribunais;

- reforma da legislação comercial, nomeadamente no que se refere aos problemas do mercado de valores mobiliários, do sector imobiliário, da propriedade intelectual e da ecologia;

- Reforçar a sociedade civil e melhorar a independência dos meios de comunicação social;

- erradicação da corrupção interna nos organismos responsáveis pela aplicação da lei.

Os EUA dispõem de um quadro jurídico e regulamentar anticorrupção desenvolvido nas décadas de 1970 e 1990, com base no qual, para além dos organismos estatais de combate à criminalidade em geral (por exemplo, o FBI), foram criados organismos especializados apenas em actos de corrupção. Por exemplo, o Departamento de Justiça dos EUA tem um departamento especial para controlar a conduta oficial dos funcionários eleitos e nomeados, investigar crimes durante as campanhas eleitorais e aplicar as leis de ética aos funcionários públicos.

Os serviços anti-corrupção dos EUA aplicam rigorosamente a proibição de os funcionários exercerem qualquer cargo remunerado fora da função pública, de utilizarem informações oficiais para benefício pessoal, de receberem presentes e gratificações. Se receber uma remuneração ilegal, um funcionário é necessariamente demitido do serviço e impedido de ocupar um cargo numa agência governamental. Qualquer funcionário público de alto nível, após a demissão, não tem o direito de representar os interesses de ninguém perante o organismo em que trabalhava. A fim de evitar a interferência de estruturas interessadas na investigação de processos penais contra altos funcionários, a legislação americana prevê um procedimento especial para a nomeação de um procurador para dirigir o processo, que é efectuado por uma divisão especial do Tribunal Federal de Washington.

As comissões do Congresso dos EUA têm amplos poderes para investigar casos de corrupção - têm o poder de investigar infracções cometidas pelo Presidente e pelos mais altos funcionários do país.

[39]Ao contrário de muitos países, incluindo o Cazaquistão, onde a responsabilidade

---

38 http://edu53.ru/np-includes/upload/2012/07/13/2631.pdf
39 http://www4.law.cornell.edu/uscode/18/201.html

criminal só é incorrida quando um suborno é recebido por um funcionário, a lei dos EUA criminaliza a **oferta, promessa** e entrega de um suborno em troca da prática de actos ilegais por um funcionário .

[40]Além disso, criminaliza o funcionário que "direta ou indiretamente exija como suborno, solicite, receba, aceite ou concorde em receber ou aceitar qualquer coisa de valor, pessoalmente ou em nome de qualquer outra pessoa ou organização", em troca de qualquer ato ou omissão ilegal no exercício das suas funções. Esta redação mostra que não é necessário que o suborno seja pago a favor do funcionário; pode ser dado a outra pessoa especificada pelo funcionário ou a um determinado partido político, ou seja, a responsabilidade é incorrida mesmo que o interesse próprio não seja provado. A legislação do Cazaquistão não pune um suborno dado a um partido ou outra organização indicada por um funcionário que actua no interesse do subornador, a menos que o suborno se tenha tornado propriedade pessoal do funcionário.

A vontade dos Estados Unidos de eliminar por lei não só os eventuais actos de corrupção, mas também todas as condições propícias à propagação deste fenómeno, é evidenciada pelo facto de existirem sanções para o encorajamento de acções lícitas dos funcionários, por exemplo, para acelerar o processamento de documentos para a obtenção de uma autorização (dando as chamadas "gorjetas"). Nos EUA, um funcionário só tem direito a receber do governo uma remuneração pelo seu trabalho. [41]Considera-se que a receção das chamadas "gorjetas" destrói o sistema de administração pública e cria uma tendência para os funcionários receberem essas gorjetas de todos os que lhes pedem ajuda.

Nos Estados Unidos, o chamado "suborno geral" é também uma infração penal, quando um funcionário recebe uma remuneração de indivíduos ou organizações sem qualquer relação com a sua ação ou inação. No Cazaquistão, tais acções não são consideradas suborno e, enquanto não for provada a relação entre a receção de dinheiro e uma determinada ação a favor do subornador, o funcionário não pode ser responsabilizado criminalmente.

A luta contra a corrupção é facilitada pelo facto de não existirem praticamente "intocáveis" nos EUA: não existem imunidades que permitam aos funcionários evitar a punição por comportamentos corruptos. Qualquer funcionário, incluindo o presidente do país, pode ser processado criminalmente depois de ter sido destituído do cargo.

É sabido que a mentalidade pós-soviética dos cidadãos das repúblicas da antiga União Soviética desenvolveu um estereótipo estável de atitude negativa em relação àqueles que tentam denunciar às autoridades competentes os factos de violação da lei, incluindo a corrupção ("sexots", "Pavlik Morozovs", "snitches"), o que sem dúvida complica a luta contra a corrupção. Nos Estados Unidos da América, estes actos são encorajados e foi adoptada uma lei de proteção dos denunciantes para incentivar os cidadãos a denunciarem a corrupção às autoridades competentes. Nos termos desta lei, um funcionário que processe um subordinado por ter denunciado uma infração numa

---

40 Ibid.
41 Ver: Nikiforov B.S., Reshetnikov F.M. Modern American Criminal Law. M.: Nauka, 1990. C. 159.

organização é passível de ação disciplinar por iniciativa do Conselho Especial que investiga a acusação.

Os Estados Unidos foram o primeiro país do mundo a adotar uma lei que proíbe o suborno de funcionários estrangeiros no decurso de negócios (Foreign Corrupt Practices Act, aprovada em 1977), estendendo a sua jurisdição sobre casos de corrupção para além das suas fronteiras. Um dos exemplos mais recentes da aplicação desta lei é o processo por corrupção contra o Presidente da FIFA, J. Blatter, em 2015.

[42]**Os Países Baixos** (8º país mais corrupto) desenvolveram e implementaram um sistema anti-corrupção, cujos principais domínios são :

- um sistema de vigilância de possíveis pontos de corrupção no Estado e nas organizações públicas, bem como um controlo rigoroso das actividades das pessoas que se encontram nesses pontos;

- um sistema de seleção de pessoas para cargos perigosos do ponto de vista da corrupção;

- um sistema de sanções para as práticas de corrupção, sendo a principal medida a proibição de trabalhar em organizações estatais e a perda de todos os benefícios sociais concedidos pela função pública;

- um sistema de incentivos para acções positivas dos funcionários, destinado a tornar financeira e moralmente vantajoso para o funcionário um comportamento honesto e eficaz;

- foi criado um sistema de segurança estatal de combate à corrupção do tipo polícia especial com poderes significativos para detetar casos de corrupção.

A literatura especializada e jornalística destaca o impressionante sucesso da política anti-corrupção **de Singapura** (o 7º país mais corrupto do mundo). No seu centro está um organismo especializado e permanente de luta contra a corrupção, o Corruption Investigation Bureau, que tem o poder político e de relações públicas para investigar a corrupção.

[43]autonomia funcional . Este organismo independente investiga e procura prevenir a corrupção nos sectores público e privado da economia de Singapura, sendo que a Lei de Prevenção da Corrupção define precisamente a corrupção em termos de várias formas de "remuneração". O Gabinete investiga casos de más práticas entre funcionários públicos e comunica-os às autoridades competentes para que estas tomem as medidas disciplinares necessárias. A Mesa examina o modus operandi de organismos públicos potencialmente propensos à corrupção, a fim de detetar eventuais lacunas na governação. Se se verificar que essas lacunas podem conduzir à corrupção e ao abuso, o Gabinete recomenda aos responsáveis desses serviços a adoção de medidas adequadas.

---

42 Ver: Fundação INDEM. Rússia e Corrupção: Quem é Quem? Experiência internacional na luta contra a corrupção: dos fracassos da China aos êxitos de Israel // Clean Hands. 1999. № 3. C. 12-13.
43 Ver: Mark Hong. Singapura - o país que derrotou a corrupção. http://world.ng.ru/ azimute/2000-05-18/6_sing.html

[44]O principal objetivo da política anti-corrupção de Singapura é "procurar minimizar ou eliminar as condições que criam tanto um incentivo como uma oportunidade para induzir um indivíduo a cometer actos corruptos".

Um fator importante para o êxito da luta contra a corrupção nestes países tem sido a formação de uma "cultura de transparência" peculiar, baseada na abertura da informação, na liberdade de imprensa e na participação da sociedade civil no controlo das actividades do Estado. A utilização das novas tecnologias da Internet para alcançar a transparência, fornecer informações e envolver o público na luta contra a corrupção tornou-se uma prática firmemente estabelecida nestes países.

---

44 Crime organizado: tendências, perspectivas de luta. - Vladivostok, 1999. C. 253.

TEMA 3. ESSÊNCIA E ESTRUTURA DA POLÍTICA ANTI-CORRUPÇÃO NO CAZAQUISTÃO

Plano

1. O "Programa Global das Nações Unidas contra a Corrupção" como base metodológica para a estratégia anti-corrupção da República do Cazaquistão.

2. Estratégia anti-corrupção da República do Cazaquistão para 2015-2025.

1. "Programa Global das Nações Unidas contra a Corrupção como base metodológica para a estratégia anti-corrupção da República do Cazaquistão

O n.º 8 do artigo 1.º da Lei da República do Cazaquistão "relativa à luta contra a corrupção" define a política **anticorrupção** como "uma política estatal baseada em medidas jurídicas e organizacionais e destinada a combater a corrupção, bem como a aumentar a confiança do público nas actividades dos organismos estatais".

Uma análise da situação no Cazaquistão permite-nos concluir que aqui, tal como na maioria das repúblicas da antiga União Soviética, a minimização da corrupção a curto prazo é irrealista, pelo que atualmente apenas se coloca a tarefa de limitar a escala da corrupção.

Tal como é sublinhado em muitos documentos das Nações Unidas, é impossível desenvolver-se com êxito na via do progresso sem resolver este problema. A corrupção impede o desenvolvimento estável da sociedade e compromete a sua segurança. Impede uma governação eficaz e o crescimento económico, nivelando o valor da democracia. A corrupção nos negócios elimina a concorrência leal e contribui para o crescimento da monopolização de todas as esferas da economia.

Os esforços bem sucedidos de luta contra a corrupção, observa, só podem ser alcançados através de uma ação conjunta dos próprios Estados, da sociedade civil e da comunidade internacional no seu conjunto. Os seguintes princípios devem estar na base da estratégia para essa ação de cooperação:

- uma forte vontade política dos dirigentes dos países e uma política estatal unificada contra a corrupção;

- controlo social permanente da sociedade civil sobre todo o sistema de administração pública;

- a responsabilização estrita dos detentores de autoridade perante organismos verdadeiramente independentes, que, por sua vez, têm o poder de os responsabilizar, independentemente do seu estatuto social.

O Programa Global das Nações Unidas contra a Corrupção, desenvolvido e adotado pela ONU, é dedicado à especificação e expansão destes princípios, complementado por dois documentos: "Anti-Corruption Toolkit" e o "UN Guide to Anti-Corruption Policies", que fazem parte integrante do Programa. Segundo os seus autores, o Programa deve ajudar os Estados a desenvolver estratégias nacionais de combate à corrupção, ou seja, deve servir de base metodológica para os esforços anticorrupção em todos os países.

As principais recomendações do programa da ONU são as seguintes

1.   É necessário criar uma comissão anti-corrupção independente, que inclua representantes do governo e das estruturas públicas, incluindo as da oposição. O seu objetivo é desenvolver uma estratégia estatal de luta contra a corrupção e elaborar projectos de leis anticorrupção.

No Cazaquistão, foi criada por decreto presidencial uma Comissão Estatal de Combate à Corrupção com as funções acima referidas.

O programa recomenda igualmente a criação de comissões parlamentares independentes para investigar os casos individuais de corrupção dos altos funcionários do país, o que ainda não foi feito no Cazaquistão.

2.   Sugere-se que cada país adopte o seu próprio programa anti-corrupção para desenvolver legislação anti-corrupção.

Atualmente, o Cazaquistão tem em vigor a "Estratégia Anti-Corrupção da República do Cazaquistão para 2015-2025".

Ao mesmo tempo que atribui um papel importante à legislação anti-corrupção, o Programa das Nações Unidas dá prioridade às medidas preventivas e não punitivas, à prevenção da corrupção, na qual as estruturas da sociedade civil e, em primeiro lugar, os meios de comunicação social devem desempenhar um papel decisivo.

No que diz respeito aos meios de comunicação social, o Cazaquistão tem ainda muito a fazer para garantir que estes possam ocupar o lugar que o programa das Nações Unidas lhes atribui na luta contra a corrupção.

O programa contém uma série de propostas para assegurar a responsabilidade e a transparência das actividades das estruturas de poder e para organizar o seu serviço com base na lei. No Cazaquistão, com as suas tradições democráticas pouco desenvolvidas, como o Presidente Nazarbayev tem repetidamente afirmado, a tarefa de transição do serviço a indivíduos específicos para o serviço em benefício da sociedade tem de ser resolvida. A solução desta tarefa está relacionada, em particular, com o problema da formação do pessoal e da sua progressão na carreira. Neste contexto, recomenda-se a criação de agências especiais de pessoal, que se dedicariam à seleção de pessoal para a função pública com base em concursos públicos, incluindo a aprovação em exames de conhecimentos jurídicos, o que permitiria substituir o sistema de favoritismo pelo sistema de meritocracia.

É de notar que muito já foi feito neste sentido no Cazaquistão, o que será discutido em palestras subsequentes. A tarefa consiste em assegurar que os princípios proclamados nos documentos adoptados sejam aplicados na prática atual.

O programa propõe igualmente a aplicação de medidas de controlo dos rendimentos dos funcionários públicos, o que continua a ser formalmente aplicado no Cazaquistão. A ONU propõe a confiscação de bens e rendimentos cuja origem o funcionário não possa ou não queira explicar, o que também não é feito no Cazaquistão.

O programa propõe a introdução na legislação nacional das normas do "Código Internacional de Conduta dos Funcionários Públicos", incluindo nos códigos de conduta dos funcionários públicos e municipais (no Cazaquistão são as autoridades locais) os princípios de imparcialidade, equidade, honestidade, diligência, transparência e responsabilidade na utilização dos recursos confiados.

O "Anti-Corruption Toolkit", que, como já foi referido, faz parte do programa das Nações Unidas, propõe que os códigos de conduta nacionais para os funcionários prevejam sanções para as violações das suas normas, bem como a responsabilidade legal dos chefes das autoridades e das instituições públicas pela não aplicação dessas normas pelos seus subordinados. Estes códigos devem ser adoptados para cada grupo específico de empregados e funcionários (deputados, membros do governo, funcionários públicos, polícia, tribunais e procuradores). Devem prever a participação dos cidadãos no controlo da aplicação do código de conduta pelos funcionários (por exemplo, através de um sistema de queixas).

O Programa das Nações Unidas sublinha a necessidade de simplificar os procedimentos administrativos de tomada de decisões. Estes devem ser compreensíveis para os cidadãos e adoptados com base em critérios claros. As instruções com base nas quais as decisões são tomadas devem ser acessíveis aos cidadãos.

O programa atribui um lugar importante à questão da abertura na adoção dos orçamentos e à possibilidade de controlo público da sua execução. É sublinhada a necessidade de desenvolver normas que obriguem os órgãos representativos a tornar públicos os projectos de orçamento que analisam e a realizar audições públicas sobre esses projectos.

O Programa das Nações Unidas atribui especial importância à garantia da transparência na distribuição das encomendas estatais e municipais. Sabe-se que, no Cazaquistão, a legislação atual não cumpre esta tarefa. Um número significativo de encomendas é atribuído sem concurso público. Os concursos são frequentemente de natureza formal, sendo o resultado conhecido antecipadamente.

A definição de corrupção no Programa Global das Nações Unidas contra a Corrupção inclui mesmo "prometer e oferecer um suborno" como uma infração. "O Conjunto de Ferramentas Anti-Corrupção propõe que o suborno seja definido como um ato em que os benefícios são transferidos não só para o próprio funcionário, mas também para outras pessoas a quem ele aponta. Por exemplo, pode tratar-se de um partido a que pertence ou de uma organização comercial em cujo sucesso está interessado.

O Programa Global recomenda que os países criminalizem as empresas que são "cegas ao facto de os seus empregados estarem envolvidos em corrupção, branqueamento de capitais ou outros crimes económicos e financeiros" e encoraja os países a confiscarem os produtos da corrupção. No Cazaquistão, quando se descobre um suborno específico, os autores comuns são responsabilizados e as empresas com o seu consentimento e no interesse das quais actuaram não são responsabilizadas criminal ou administrativamente.

O Código Penal da República do Cazaquistão, tal como recomendado pelo Programa

Global, coloca os crimes de corrupção num grupo especial (Capítulo 15. Corrupção e outras infracções penais contra os interesses do serviço público e da administração pública), o que permite falar de reincidência na prática deste tipo de actos e da aplicação de perdas de direitos adicionais às pessoas que cometeram crimes de corrupção.

"O Programa Global das Nações Unidas contra a Corrupção identifica este crime de corrupção como **conflito de interesses.** Consiste no facto de um funcionário público participar na resolução de um assunto com um interesse financeiro pessoal num determinado resultado. O Programa das Nações Unidas propõe que tais acções dos funcionários e empregados sejam qualificadas como receção ilegal de um benefício, subsídio ou recompensa, que não é um suborno, mas que, no entanto, deve ser qualificado como uma infração.

Em suma, é de notar que o Cazaquistão fez muito para aplicar as recomendações do Programa Global das Nações Unidas contra a Corrupção, mas ainda há muito a fazer tanto no domínio da legislação nacional como na vida económica, social e espiritual do país.

2 Estratégia anti-corrupção da República do Cazaquistão para 2015-2025

Desde o início da formação do Cazaquistão como Estado soberano independente, o problema da corrupção tem sido considerado como um dos problemas mais importantes que ameaçam o desenvolvimento progressivo e estável de toda a sociedade. Por conseguinte, nas actividades dos organismos estatais, é prestada muita atenção ao combate a este fenómeno, e o primeiro passo é, evidentemente, o desenvolvimento e a aplicação de um quadro regulamentar que forneça uma base legislativa e regule este trabalho complexo e difícil.

[45]Em conformidade com esta tarefa, foram adoptadas várias leis anti-corrupção, tal como será discutido em palestras subsequentes, "estão a ser implementados vários documentos programáticos, foi criado um organismo autorizado especial que desempenha funções abrangentes no domínio da função pública e da luta contra a corrupção, e a cooperação internacional no domínio das actividades anti-corrupção é ativamente prosseguida". O Cazaquistão "segue, de forma propositada e gradual, a via da criação de instituições e mecanismos eficazes de combate à corrupção que satisfaçam as normas internacionais".

As actividades modernas de luta contra a corrupção no nosso país baseiam-se na "Estratégia Anticorrupção da República do Cazaquistão para 2015-2025", adoptada em dezembro de 2014. A "Estratégia Anti-Corrupção da República do Cazaquistão para 2015-2025", que analisaremos de seguida.

A primeira secção da Estratégia, "Introdução", descreve sucintamente o que foi feito no domínio da luta contra a corrupção durante os anos de independência. Salienta que

---

45 As citações que se seguem são citadas: Estratégia Anti-Corrupção da República do Cazaquistão para 2015-2025. http:// anticorruption. gov. kz/rus/nac_antikorrupcionnaya_strateg/

o país aplicou claramente o princípio da meritocracia, ou seja, a nomeação de pessoas capazes e com formação profissional para cargos de chefia, independentemente da sua origem social e estatuto de propriedade, e estabeleceu um sistema de serviço público, incluindo uma clara delimitação e definição das funções e poderes de cada órgão e funcionário do Estado. A introdução das tecnologias da informação na esfera dos serviços públicos reduziu os contactos diretos entre os funcionários e os cidadãos, o que, sem dúvida, minimizou as condições de corrupção.

O país, tal como sublinhado na Introdução, está a criar pré-requisitos para a formação de uma cultura anti-corrupção entre a população.

Ao mesmo tempo, as tarefas definidas para tornar o Cazaquistão um dos trinta países mais competitivos do mundo exigem a modernização da política anticorrupção do Estado e o reforço do papel das instituições da sociedade civil na sua aplicação, o que permitiria reduzir ao máximo as manifestações de corrupção. Isto explica a necessidade de adotar a Estratégia Anti-Corrupção, que é um documento programático na luta contra a corrupção. Ao mesmo tempo, diz-se aqui que "a tónica deve ser colocada na eliminação das condições prévias da corrupção e não no combate às suas consequências". Por outras palavras, o papel principal na Estratégia é dado a medidas preventivas abrangentes capazes de reduzir radicalmente o nível de corrupção e erradicar as causas e condições que lhe dão origem em várias esferas da vida do Estado e da sociedade.

A introdução assinala igualmente que as orientações básicas definidas pela estratégia devem ser aperfeiçoadas e especificadas com base numa análise mais aprofundada da situação real da corrupção, das suas causas, da motivação do comportamento corrupto e de uma avaliação séria e objetiva da situação da luta contra a corrupção.

A segunda secção "Análise da situação atual" descreve as tendências positivas no domínio da luta contra a corrupção, cujo reforço e desenvolvimento serão a chave para o êxito da aplicação da estratégia na fase atual.

Foram alcançados alguns resultados positivos através da adoção de legislação anti-corrupção, que definiu as metas, os objectivos, os princípios básicos e o mecanismo de combate a este fenómeno negativo. Desde 2001, foram implementados programas estatais de luta contra a corrupção, no âmbito dos quais foram adoptadas medidas específicas para eliminar as causas e as condições da corrupção. [46]Em 2002, foi criada uma Comissão de Combate à Corrupção sob a égide do Presidente da República do Cazaquistão, que dispõe de amplos poderes de supervisão no que respeita ao cumprimento da legislação anticorrupção por parte dos funcionários do Estado e, em especial, do direito de "apresentar propostas ao Presidente da República do Cazaquistão para que este dê instruções, emita actos presidenciais relevantes sobre as questões em apreço e leve à responsabilidade disciplinar, incluindo a demissão, os akims das regiões, das cidades de Astana e Almaty, os governadores das regiões e o diretor executivo da República do Cazaquistão.

A tendência positiva na luta contra a corrupção é também significativamente

---

46 http://adilet.zan.kz/rus/docs/U020000839_#z8

influenciada pela aplicação bem sucedida do princípio da inevitabilidade da punição: nos últimos anos, registou-se um aumento do número de casos em que os funcionários considerados culpados de crimes de corrupção são responsabilizados em toda a extensão da lei, independentemente das suas posições e patentes. Esta abordagem baseada em princípios é implementada no novo Código Penal (agosto de 2015), segundo o qual "as pessoas que cometeram crimes de corrupção não estarão sujeitas à prescrição, haverá uma proibição de penas suspensas e foi introduzida uma proibição vitalícia do direito de exercer cargos públicos". Foram introduzidas normas sobre o confisco de bens obtidos por meios criminosos e a responsabilidade pessoal dos gestores no combate à corrupção.

Mas, no período passado, como se constata nesta secção, a tónica foi colocada não só no reforço da responsabilização dos funcionários públicos, mas também na melhoria das suas garantias sociais, o que contribui indubitavelmente para criar condições para que estes cumpram as suas funções de forma justa e equitativa.

Com base na aplicação das disposições do programa estatal para a modernização do sistema de aplicação da lei para o período até 2020 e no conceito de política de pessoal para os organismos de aplicação da lei, estão a ser tomadas medidas para aumentar a confiança nos organismos de aplicação da lei e para desenvolver pessoal com uma conduta impecável e um elevado nível de competência.

Estão em curso trabalhos para aumentar a confiança no sistema judicial, melhorar o mecanismo de formação de um corpo de juízes, desenvolver os processos judiciais electrónicos e torná-los mais transparentes e acessíveis.

Registaram-se alguns progressos no acesso do público à informação, em especial através do estabelecimento da administração pública em linha e da criação de recursos na Internet de entidades públicas e privadas, permitindo aos cidadãos denunciar a corrupção, nomeadamente através de linhas diretas e de sítios Web de organismos públicos.

Foram criadas no país condições para melhorar a qualidade dos serviços públicos, o número de autorizações e licenças foi drasticamente reduzido através da eliminação de barreiras administrativas que dificultam a atividade empresarial, o que conduziu a uma diminuição das oportunidades de práticas corruptas.

"O resultado deste trabalho foi uma redução anual do número de violações dos termos de prestação de serviços públicos (em 8,7 vezes face a 2012) e de reclamações sobre a qualidade da sua prestação (em 25%), bem como um aumento da quota de serviços automatizados (em mais de 2 vezes) e de serviços prestados através de centros de atendimento à população (em 51%)."

Registou-se igualmente uma evolução positiva nos contratos públicos, principalmente devido ao aumento da automatização.

A adoção de todas estas medidas, observa esta secção, "permitiu ao Cazaquistão assumir uma das posições de liderança em termos de actividades anti-corrupção, tanto na região da Ásia Central como entre os países da CEI".

Embora se tenham registado alguns êxitos na luta contra a corrupção no Cazaquistão, a Estratégia sublinha a complexidade do desenvolvimento de contramedidas eficazes devido à sua especificidade para cada Estado e às dificuldades associadas às suas caraterísticas em mutação. Ao determinar as causas, condições e consequências da corrupção, devem ser tidos em conta factores como a mentalidade local, as peculiaridades nacionais e religiosas e o nível de cultura jurídica.

Ao mesmo tempo, de acordo com a Estratégia, "as principais condições para esforços eficazes e sistemáticos de combate à corrupção são a responsabilização e a prestação de contas públicas dos órgãos governamentais, a independência e a equidade da justiça, leis claras e fáceis de aplicar, a meritocracia na política de pessoal do Estado, a transparência dos procedimentos estatais e a intolerância à corrupção na sociedade".

Um elo importante no sistema anti-corrupção é também a prevenção, a criação de condições em que as práticas corruptas são impossíveis - identificação e minimização dos **riscos** de corrupção, que são entendidos como oportunidades existentes no sistema de governação estatal e municipal para as acções (inação) de funcionários e empregados comuns para obter ilegalmente benefícios materiais e outros no desempenho das suas funções oficiais. "A avaliação dos riscos de corrupção e do nível da sua prevalência em várias esferas e indústrias ajuda a identificar lacunas no Estado, incluindo legais e regulamentares, na regulação das actividades anticorrupção, problemas que surgem nos mecanismos de regulação estatal e legal, bem como o desenvolvimento de medidas destinadas a melhorar a prática de aplicação da lei no processo de actividades anticorrupção".

Embora assinale a evolução positiva na prevenção da corrupção, a estratégia aponta simultaneamente para a falta de transparência na tomada de decisões que afectam as questões mais importantes da vida pública, a ausência de um controlo civil adequado e a falta de consideração da opinião pública nas actividades do aparelho de Estado, o que conduz a uma burocracia excessiva, a entraves administrativos e a abusos de poder.

Chama igualmente a atenção para o problema das questões não resolvidas em matéria de aplicação adequada do potencial legislativo de combate à corrupção, apesar da atualização qualitativa em curso dos ramos básicos da legislação nacional. As questões do combate à corrupção no sector privado também não estão resolvidas.

A estratégia menciona explicitamente a necessidade de "ter em conta certas normas internacionais adoptadas em matéria de luta contra a corrupção".

A segunda secção da Estratégia conclui com a caraterização dos principais factores que contribuem para a corrupção no Cazaquistão moderno. Estes factores são:

- imperfeição das leis sectoriais, que permite a dupla interpretação de muitas normas, o que cria condições para práticas corruptas;

- pouca transparência das estruturas de poder, natureza fechada do processo de elaboração e adoção de decisões de gestão;

- um vasto campo de contactos diretos entre os funcionários e o público na prestação de serviços públicos, o que favorece o aparecimento de riscos de corrupção;

-    baixo nível de cultura jurídica dos cidadãos, incluindo os próprios funcionários, o que permite que funcionários sem escrúpulos violem a lei e as instruções para fins egoístas;

-    baixo nível de informação e trabalho educativo para criar uma atmosfera pública de rejeição da corrupção;

-    nível insuficiente de remuneração do trabalho de certas categorias de funcionários do Estado e garantias sociais na função pública.

A terceira secção **"Metas e Objectivos"** define o objetivo da Estratégia - "aumentar a eficácia da política anticorrupção do Estado, envolver toda a sociedade no movimento anticorrupção através da criação de uma atmosfera de tolerância "zero" para quaisquer manifestações de corrupção e reduzir o nível de corrupção no Cazaquistão".

[47]A proposta formula igualmente as seguintes tarefas: "luta contra a corrupção na função pública; introdução do instituto de controlo público; luta contra a corrupção no sector quase-estatal e no sector privado; prevenção da corrupção nos tribunais e nos organismos responsáveis pela aplicação da lei; formação do nível de cultura anti-corrupção; desenvolvimento da cooperação internacional em matéria de luta contra a corrupção".

A quarta secção **"Áreas-chave, principais abordagens e medidas prioritárias"** apresenta as principais áreas, abordagens e medidas para a implementação da política anticorrupção nas esferas estatal e pública do nosso país.

No domínio do serviço público, prevê-se a aplicação de medidas e a criação de condições que tornem não rentável e impossível a utilização de poderes oficiais para fins egoístas.

Uma dessas medidas seria que os funcionários públicos declarassem não só os seus rendimentos, mas também as suas despesas.

A fim de reduzir o nível de corrupção no aparelho de Estado, está previsto um aumento gradual dos salários e das prestações sociais dos funcionários, à medida que a capacidade financeira do Estado for aumentando.

Para reduzir os contactos entre funcionários e cidadãos, que constituem uma das condições prévias para as práticas de corrupção, serão tomadas medidas para transferir uma série de funções estatais para o sector não governamental - para organizações de autorregulação, e para alargar o âmbito dos serviços prestados ao público em formato eletrónico, incluindo serviços como a emissão de licenças.

A área de atividade mais corrupta do país é o sistema de contratos públicos. É aqui que é cometido um quarto de cada crime de corrupção. Neste domínio, estão previstas medidas como a fixação de um operador único, a introdução de uma seleção automatizada de bens e a melhoria dos procedimentos de aceitação de obras e serviços concluídos.

---

47 Setor quase-estatal - termo que designa uma unidade económica entre cujos acionistas se encontra um Estado, que actua como garante dessa unidade.

A automatização dos procedimentos de prestação de serviços públicos será alargada às alfândegas, à fiscalidade, à agricultura, às relações fundiárias e à banca. A lista de serviços públicos prestados à população numa base de "balcão único" (através dos Centros de Serviços Centralizados) será igualmente alargada.

A estratégia identifica o princípio da transparência como um fator-chave na luta contra a corrupção, pelo que o trabalho sobre a sua aplicação será realizado de forma contínua e sistemática, nomeadamente através do controlo da qualidade e da acessibilidade dos serviços públicos.

Outra área importante da prevenção da corrupção é o controlo público. A sua aplicação exige não só uma maior atividade das instituições da sociedade civil, mas também uma regulamentação legislativa adequada.

A este respeito, é mencionada a preparação para a adoção das leis "sobre o controlo público" e "sobre o acesso à informação pública". A primeira "criará uma base jurídica para a realização de audições públicas sobre questões que afectam os direitos e interesses dos cidadãos, para a peritagem pública das decisões dos organismos estatais, para a audição dos relatórios dos gestores ao público e para a participação dos cidadãos no trabalho dos órgãos colegiais". O segundo "consolidará os direitos dos destinatários da informação pública, o procedimento para o seu fornecimento, contabilização e utilização". Atualmente, os projectos destas duas leis estão publicados para discussão.

A estratégia define igualmente as principais orientações da política anticorrupção nos sectores parapúblico e privado, onde o perigo de corrupção é comparável à sua dimensão no sector público. É dada especial atenção aos mecanismos organizacionais e jurídicos destinados a garantir a responsabilização, a prestação de contas e a transparência dos processos de tomada de decisão neste sector.

O documento aborda igualmente o problema da prevenção da corrupção no sistema judiciário e nos organismos responsáveis pela aplicação da lei. Tal como nos domínios anteriores, a tónica é colocada no reforço dos requisitos de seleção do pessoal judicial e policial através de mecanismos de seleção competitivos e do princípio da meritocracia, no aumento da transparência do trabalho dos juízes e dos funcionários responsáveis pela aplicação da lei e na introdução de sistemas automatizados que reduzam os contactos pessoais entre funcionários e cidadãos.

O próximo domínio importante da prevenção da corrupção é o desenvolvimento de uma cultura anti-corrupção entre os cidadãos. Sem uma cultura anti-corrupção entre os cidadãos", diz a estratégia, "é impossível alcançar o resultado desejado com uma forte imunidade à corrupção e à sua censura pública. Todos os cidadãos do Cazaquistão e todas as famílias devem compreender que a luta contra a corrupção é uma questão que diz respeito a toda a sociedade".

Este trabalho deve abranger todos os sectores da sociedade cazaque e ser conduzido numa base profissional. Os meios de comunicação social são importantes para este objetivo.

A estratégia aborda igualmente o desenvolvimento da cooperação internacional em matéria de luta contra a corrupção. A adesão do Cazaquistão à Convenção das Nações

Unidas contra a Corrupção e a outros documentos neste domínio "assegura a participação ativa do nosso país nos processos internacionais de luta contra a corrupção.

Por um lado, cria incentivos para a utilização das melhores práticas anti-corrupção e, por outro, alarga as oportunidades de cooperação com países estrangeiros.

A última e quinta secção **"Monitorização e Avaliação da Implementação da Estratégia"** refere que "um órgão anticorrupção autorizado será o órgão principal no mecanismo de implementação da Estratégia Anticorrupção, e todos os órgãos, organizações e instituições do Estado, empresas com participação do Estado, partidos políticos e outras associações públicas e a sociedade civil em geral serão envolvidos na implementação da Estratégia". A concretização e a aplicação gradual das suas disposições serão asseguradas pelo Plano de Ação, que será aprovado pelo Governo em coordenação com a Administração Presidencial.

O acompanhamento e a avaliação da execução da estratégia ocupam um lugar importante, devendo ser efectuados de forma aberta, com a participação dos organismos estatais interessados, do público e dos meios de comunicação social. O relatório nacional anual, aprovado pelo Presidente, sobre a aplicação da estratégia será publicado nos meios de comunicação social.

Como se pode depreender da análise supra da "Estratégia Anti-Corrupção da República do Cazaquistão para 2015-2025", este documento define as principais direcções, métodos e formas de combater este fenómeno, sendo uma questão de implementar na prática o que foi delineado com base neste documento.

TEMA 4. QUADRO JURÍDICO PARA O COMBATE À CORRUPÇÃO NO CAZAQUISTÃO

Plano

1. A Lei da República do Cazaquistão "Sobre o Combate à Corrupção" e a sua orientação preventiva.

2. Responsabilidade penal e administrativa por práticas de corrupção na República do Cazaquistão.

1. Lei da República do Cazaquistão "Sobre a luta contra a corrupção" e sua orientação preventiva

O principal documento jurídico que regula a luta contra a corrupção na República do Cazaquistão é a Lei de Combate à Corrupção (a "Lei"), adoptada em novembro de 2015 e em vigor desde 1 de janeiro de 2016.

A corrupção é aqui definida como "a utilização ilícita, por parte de titulares de cargos públicos de responsabilidade, pessoas autorizadas a exercer funções públicas, pessoas equiparadas a pessoas autorizadas a exercer funções públicas, funcionários, dos seus poderes oficiais (de serviço) e oportunidades conexas, a fim de obter ou extrair, pessoalmente ou através de intermediários, benefícios e vantagens patrimoniais (não patrimoniais) para si próprios ou para terceiros, bem como o suborno dessas pessoas através da oferta de petróleo

[48]A lei fornece a seguinte explicação sobre os conceitos que caracterizam as pessoas acima enumeradas:

- **pessoa que exerce uma função pública responsável** - uma pessoa que exerce um cargo .... para o desempenho direto das funções do Estado e dos poderes dos órgãos do Estado, incluindo um membro do Parlamento, um juiz, bem como uma pessoa que exerça um cargo público político ou um cargo público administrativo do corpo A;

- **uma pessoa autorizada a desempenhar funções estatais** - um funcionário público, um deputado do maslikhat;

- **uma pessoa equiparada a pessoas autorizadas a desempenhar funções estatais** - uma pessoa eleita para os órgãos da administração local autónoma; um cidadão registado como candidato a Presidente da República do Cazaquistão, a deputados ao Parlamento da República do Cazaquistão ou a maslikhats, bem como a membros de um órgão da administração local autónoma eleito; um empregado que trabalhe permanente ou temporariamente num órgão da administração local autónoma e cujo salário seja pago pelo orçamento do Estado da República do Cazaquistão; uma pessoa que desempenhe funções de gestão num órgão da administração local autónoma; um empregado do Banco Nacional da República do Cazaquistão e das suas agências; um empregado do Banco Nacional da República do Cazaquistão e das suas agências; um empregado do Banco Nacional da República do Cazaquistão e das suas

---

48 De seguida, em vez de enumerar estas categorias de pessoas, será utilizada a expressão "pessoas responsáveis", salvo indicação expressa em contrário.

agências; um empregado do Banco Nacional da República do Cazaquistão e das suas agências funcionários do Banco Nacional da República do Cazaquistão e dos seus departamentos;

- **Funcionário** - uma pessoa que, de forma permanente, temporária ou por autoridade especial, desempenha as funções de um representante do poder ou desempenha funções organizacionais, administrativas ou económicas em organismos estatais, organismos de administração local autónoma, bem como nas Forças Armadas da República do Cazaquistão, noutras tropas e formações militares da República do Cazaquistão.

A lei divide os crimes de corrupção em dois tipos: os crimes de corrupção e os crimes de corrupção administrativa. Os primeiros estão sujeitos a responsabilidade penal e a sanções nos termos do Código Penal da República do Cazaquistão, enquanto os segundos estão sujeitos a responsabilidade administrativa e a sanções nos termos do Código das Infracções Administrativas da República do Cazaquistão.

Em caso de discrepância entre a lei e um tratado internacional ratificado pela República do Cazaquistão, aplicam-se as regras do tratado internacional.

A lei tem uma orientação preventiva pronunciada, como evidenciado até pelo seu título: "Sobre o Combate à Corrupção", por oposição à anterior lei "Sobre o Combate à Corrupção", bem como pelos princípios básicos de anti-corrupção aqui formulados:

- legitimidade;
- a prioridade da proteção dos direitos, liberdades e interesses legítimos do indivíduo e do cidadão;
- de publicidade e transparência;
- interação entre o Estado e a sociedade civil;
- utilização sistemática e abrangente de medidas anti-corrupção;
- dar prioridade à aplicação de medidas de prevenção da corrupção;
- incentivar as pessoas que colaboram na luta contra a corrupção;
- inevitabilidade da punição dos crimes de corrupção.

O carácter preventivo da lei reflecte-se igualmente nos objectivos de luta contra a corrupção aqui formulados:

- criar uma atmosfera de intolerância contra a corrupção na sociedade;
- identificar as condições e as causas que favorecem a prática de crimes de corrupção e eliminar as suas consequências;
- reforçar a cooperação entre os intervenientes na luta contra a corrupção;
- desenvolvimento da cooperação internacional no combate à corrupção;
- deteção, supressão, divulgação e investigação de crimes de corrupção.

Outra particularidade da lei é a sua abertura e a possibilidade de ser especificada e clarificada, alinhando-a com os documentos jurídicos internacionais sobre a luta contra a corrupção, à medida que as condições forem criadas.

Um lugar importante na prevenção da corrupção é ocupado pelo controlo anticorrupção, cuja essência é a recolha, o processamento, a compilação, a análise e a avaliação de informações relacionadas com a eficácia das políticas anticorrupção, bem como com a perceção e a avaliação públicas do nível de corrupção.

Os resultados desse controlo contribuirão para uma análise mais aprofundada dos riscos de corrupção e para o desenvolvimento de medidas eficazes de promoção de uma cultura anticorrupção. A lei define os riscos de corrupção como "a possibilidade de surgirem causas e condições propícias à prática de infracções de corrupção".

A lei prevê uma análise dos riscos de corrupção a dois níveis: externo e interno. A **análise externa** é realizada pelo organismo anticorrupção autorizado e destina-se a identificar os riscos de corrupção nos actos jurídicos normativos e nas actividades de organização e gestão dos organismos e organizações estatais e das entidades do sector parapúblico. **A análise interna** é efectuada pelos organismos e organizações estatais e pelos sujeitos do sector para-estatal, com base em cujos resultados tomam medidas para eliminar as causas e as condições que favorecem a prática de delitos de corrupção.

Outra área importante na prevenção da corrupção é o desenvolvimento de uma cultura anti-corrupção, ou seja, actividades "para preservar e reforçar um sistema de valores na sociedade que reflicta a intolerância em relação à corrupção". Esta atividade, sublinha a lei, é levada a cabo através de um conjunto de medidas educativas, informativas e organizativas.

A próxima área de prevenção da corrupção é a das medidas de controlo financeiro que prevêem a apresentação de declarações de rendimentos e de bens sujeitos a tributação pelos titulares de cargos públicos e respectivos cônjuges.

A não apresentação ou a apresentação de declarações incompletas ou inexactas implica responsabilidade disciplinar nos termos do procedimento previsto na lei. A responsabilidade administrativa está prevista para estes actos cometidos de forma reiterada.

As informações sobre os montantes e as fontes de rendimento dos funcionários que ocupam cargos públicos de responsabilidade **podem ser** publicadas. Por outras palavras, a lei não exige a publicação obrigatória destas informações.

As pessoas singulares e colectivas envolvidas no desempenho das funções de gestão do património do Estado devem apresentar relatórios sobre todas as transacções e actividades financeiras relacionadas com o património do Estado.

As medidas de controlo financeiro previstas pela Lei de Combate à Corrupção na República do Cazaquistão, mais do que quaisquer outras, entram em maior conflito com as medidas recomendadas pelos documentos internacionais de combate à corrupção. Por exemplo, o Programa Global das Nações Unidas contra a Corrupção, complementado por dois documentos: "Anti-Corruption Toolkit" e "UN Guidelines on Anti-Corruption Policies", que são as suas partes constituintes, propõe a inclusão nas declarações não só de informações sobre os rendimentos, mas também sobre as despesas, bem como a confiscação de bens e rendimentos cuja origem o funcionário não possa ou não queira explicar.

É evidente que o legislador tem em conta o facto de a sociedade cazaque não estar preparada para medidas tão radicais, mas, ao mesmo tempo, a lei revela claramente o desejo de se aproximar das normas internacionais. Este facto é evidenciado pelas seguintes disposições.

Em vigor a partir de 1 de janeiro de 2017:

1.   Alarga o leque de pessoas que apresentam declarações de rendimentos e de património. Estas incluem:

-    os titulares de cargos públicos de responsabilidade e respectivos cônjuges;

-    pessoas autorizadas a exercer funções estatais e respectivos cônjuges;

-    funcionários e respectivos cônjuges;

-    pessoas equiparadas a pessoas autorizadas a exercer funções estatais e respectivos cônjuges.

2.   Ao adquirirem bens imóveis no período de referência, estas pessoas devem indicar nas suas declarações as fontes de cobertura dos custos dessa aquisição. Tal como referido no discurso do Presidente da República do Cazaquistão N.A. Nazarbayev ao povo do Cazaquistão, de 30 de novembro de 2015. "O Cazaquistão na nova realidade mundial: crescimento, reformas, desenvolvimento", "A partir de 1 de janeiro de 2017, entrará em vigor a declaração universal de rendimentos e despesas. Depois disso, serão tomadas medidas para divulgar contas e activos, onde quer que se encontrem, para descobrir a sua origem e tributação, incluindo com a ajuda da OCDE".

3.   A não apresentação ou a apresentação de declarações incompletas ou inexactas por parte destas pessoas implica responsabilidade administrativa, ao passo que, até 1 de janeiro de 2017, está em vigor uma norma que prevê apenas responsabilidade disciplinar.

A partir de 1 de janeiro de 2020, as informações constantes das declarações apresentadas pelas seguintes pessoas e respectivos cônjuges serão **objeto de** publicação:

-    exercício de cargos públicos políticos;

-    que ocupam cargos administrativos do corpo "A" da administração pública;

-    deputados do Parlamento da República do Cazaquistão;

-    juízes da República do Cazaquistão;

-    pessoas que desempenham funções de gestão em entidades do sector quase público.

Como podemos ver, a lei tem por objetivo aproximar a prevenção da corrupção das normas internacionais.

Para fins preventivos, a Lei Anticorrupção estabelece também restrições anticorrupção a serem assumidas pelas pessoas responsáveis, a fim de evitar acções que possam levar à utilização dos seus poderes para fins pessoais, de grupo e outros interesses não empresariais.

O consentimento para a aceitação das restrições anti-corrupção pelas pessoas acima referidas deve ser registado por escrito. As pessoas que se recusem a aceitar as restrições anti-corrupção estão sujeitas a demissão do serviço.

A lei define as seguintes restrições anti-corrupção a serem cumpridas pelas pessoas acima referidas:

- exercício de actividades incompatíveis com o desempenho de funções públicas;

- [49]inadmissibilidade do serviço comum (trabalho) de parentes próximos, cônjuges e sogros ;

- utilização de informações oficiais e de outras informações não sujeitas a divulgação oficial com o objetivo de obter ou extrair benefícios e vantagens patrimoniais e não patrimoniais;

- aceitação de presentes no âmbito do exercício de funções oficiais, em conformidade com a legislação da República do Cazaquistão.

A lei proíbe expressamente o exercício de funções oficiais em caso de conflito de interesses, que é entendido como "uma contradição entre os interesses pessoais dos titulares de cargos públicos de responsabilidade, das pessoas autorizadas a exercer funções públicas, das pessoas equiparadas, dos funcionários e dos seus poderes oficiais, em que os interesses pessoais dessas pessoas podem levar ao exercício indevido dos seus poderes oficiais". Neste caso, "devem notificar por escrito o seu superior hierárquico direto ou a direção da organização em que trabalham do conflito de interesses que surgiu ou da possibilidade da sua ocorrência, logo que dele tenham conhecimento".

A lei também exige que as entidades empresariais tomem medidas para prevenir a corrupção no decurso das suas actividades, sendo as principais

- Estabelecer um sistema de mecanismos organizacionais e jurídicos para garantir a responsabilização, a prestação de contas e a transparência dos processos de tomada de decisão;

- o respeito pelos princípios da concorrência leal;

- prevenção de conflitos de interesses;

- adotar e respeitar a ética empresarial;

- adoção de medidas para promover uma cultura anti-corrupção.

A lei atribui uma grande importância na prevenção da corrupção ao relatório nacional sobre a luta contra a corrupção, que é compilado anualmente por um organismo

---

49 A lei define como parentes próximos os pais (progenitores), os filhos, os pais adoptivos (pais adoptivos), os filhos adoptados, os irmãos e meio-irmãos, os avós e os netos, e como parentes os irmãos, os pais e os filhos do cônjuge.

autorizado e apresentado ao Presidente da República do Cazaquistão.

A lei define um organismo anticorrupção autorizado como "um organismo estatal diretamente subordinado e responsável perante o Presidente da República do Cazaquistão e as suas subdivisões territoriais, que, dentro dos limites da sua autoridade, desempenha as funções de execução da política anticorrupção da República do Cazaquistão e de coordenação no domínio da luta contra a corrupção". [50]Embora este organismo não seja diretamente mencionado na própria lei, trata-se, na realidade, da Agência da República do Cazaquistão para a Função Pública e a Luta contra a Corrupção, que exerce "a liderança no domínio da função pública, a avaliação e o controlo da qualidade dos serviços públicos, bem como, dentro dos limites previstos na legislação da República do Cazaquistão, a liderança e a coordenação intersectorial e outras funções executivas e de autorização especiais para a prevenção, deteção, supressão, divulgação e investigação da corrupção. Para cumprir estas funções, dispõe de um serviço anti-corrupção com poderes operacionais e de investigação   ,

criada pela Lei da República do Cazaquistão "Sobre o Serviço de Aplicação da Lei". Esta agência, de acordo com a lei, é o primeiro organismo de luta contra a corrupção.

A Agência da Função Pública e da Luta contra a Corrupção desempenha numerosas funções, que vão desde a elaboração de propostas para melhorar o quadro jurídico e regulamentar no domínio da luta contra a corrupção, identificando as causas e as condições que favorecem a corrupção, até à educação em matéria de luta contra a corrupção, ao acompanhamento e à cooperação com a sociedade civil neste domínio.

Para cumprir estas funções, a Comissão dispõe dos seguintes poderes

-    solicita informações e materiais a organismos, organizações e funcionários do Estado;

-    em caso de deteção de violações da legislação da República do Cazaquistão relativa à luta contra a corrupção, toma medidas para as eliminar;

-    define o procedimento de controlo da luta contra a corrupção.

O serviço de luta contra a corrupção do organismo de luta contra a corrupção autorizado está investido dos direitos dos serviços responsáveis pela aplicação da lei, tal como definidos na lei da República do Cazaquistão "relativa aos serviços responsáveis pela aplicação da lei".

Outros intervenientes na luta contra a corrupção são "organismos estatais, intervenientes para-estatais, associações públicas, bem como outras pessoas singulares e colectivas".

A lei obriga explicitamente todos os organismos e organizações do Estado, todas as entidades do sector quase público e todos os funcionários a desenvolverem actividades de luta contra a corrupção. A deteção direta, a supressão, a divulgação, a investigação e a prevenção dos delitos de corrupção, bem como a apresentação à justiça das pessoas culpadas de tais delitos, são confiadas aos organismos do Ministério Público, da

---

50 Regulamentos sobre a Agência da República do Cazaquistão para a Função Pública e a Luta contra a Corrupção. http://tengrinews.kz/zakon/prezident_respubliki_ kazahstan/trud/id-U1400000900/

segurança nacional, dos assuntos internos, das receitas públicas, da polícia militar e do serviço de fronteiras do Comité de Segurança Nacional da República do Cazaquistão.

A lei atribui um lugar importante na luta contra a corrupção ao público, que é representado por indivíduos, associações públicas e outras entidades jurídicas:

- relatórios sobre os factos relativos à prática de crimes de corrupção;

- apresenta propostas para melhorar a legislação em matéria de luta contra a corrupção;

- participa na formação de uma cultura anti-corrupção;

- interage com outros intervenientes na luta contra a corrupção e com o organismo anticorrupção autorizado;

- efectua investigação, incluindo investigação científica e sociológica, sobre questões de luta contra a corrupção;

- realiza trabalho explicativo nos meios de comunicação social e organiza eventos socialmente significativos sobre questões de combate à corrupção.

Como já foi referido, a mentalidade pós-soviética dos cidadãos das repúblicas da antiga União Soviética desenvolveu um forte estereótipo de atitude negativa em relação àqueles que tentam denunciar às autoridades competentes os factos de violação da lei, incluindo a corrupção ("sexots", "Pavlik Morozovs", "snitches"), o que sem dúvida complica a luta contra a corrupção e causou a falta de elaboração desta questão na legislação. A Convenção das Nações Unidas contra a Corrupção propõe que se encorajem tais actos e que se incentivem os cidadãos a denunciar a corrupção às autoridades competentes, adoptando uma lei sobre a proteção dos denunciantes

Esta proposta da Convenção das Nações Unidas está reflectida na Lei de Combate à Corrupção: o artigo 24.º desta lei, "Denúncia de crimes de corrupção", obriga explicitamente as autoridades competentes a tomar medidas relativamente a um crime de corrupção denunciado. "Uma pessoa", prossegue, "que denuncie uma infração de corrupção ou que ajude a combater a corrupção será protegida pelo Estado e incentivada em conformidade com o procedimento estabelecido pelo Governo da República do Cazaquistão".

As disposições da Convenção das Nações Unidas contra a Corrupção estão também reflectidas no quarto capítulo da Lei "Reparação das Consequências das Infracções de Corrupção". Esta secção estabelece, em primeiro lugar, a norma e o procedimento para a recuperação (devolução) de bens obtidos ilegalmente ou o custo de serviços prestados ilegalmente e, em segundo lugar, o procedimento para a invalidação de transacções, acordos, actos e acções cometidos em resultado de crimes de corrupção.

Como se pode depreender do que precede, a Lei da República do Cazaquistão "relativa à luta contra a corrupção" proporciona uma ampla base jurídica para a luta contra este fenómeno negativo; estabelece os pré-requisitos para um maior aprofundamento e especificação das normas jurídicas que regulam esta luta, em conformidade com o grau de desenvolvimento económico, político, social e espiritual da sociedade do Cazaquistão.

2. Responsabilidade penal e administrativa por práticas de corrupção na República do Cazaquistão

Tal como acima referido, a lei relativa à luta contra a corrupção divide as práticas de corrupção em dois tipos: infracções de corrupção e infracções de corrupção administrativa. As primeiras estão sujeitas a responsabilidade penal e a sanções previstas no Código Penal da República do Cazaquistão, enquanto as segundas estão sujeitas a responsabilidade administrativa e a sanções previstas no Código das Infracções Administrativas da República do Cazaquistão.

O Código Penal da República do Cazaquistão dedica um capítulo especial 15 à luta contra a corrupção: "Corrupção e outras infracções penais contra os interesses do serviço público e da administração pública". Este capítulo qualifica os seguintes tipos de corrupção como infracções penais puníveis.

1. **Abuso de poderes oficiais.** Utilização de poderes oficiais com o objetivo de obter benefícios e vantagens para si próprio ou para outras pessoas ou organizações.

2. **Excesso de poder.** Prática, por uma pessoa autorizada a exercer funções de Estado, ou por uma pessoa equiparada, de actos que excedam manifestamente os limites dos seus direitos e poderes e que impliquem prejuízos substanciais para os direitos e interesses legítimos dos cidadãos ou organizações ou para os interesses legalmente protegidos da sociedade ou do Estado, com o objetivo de obter benefícios e vantagens para si próprio ou para outras pessoas ou organizações, ou de causar prejuízos a outras pessoas ou organizações.

3. **Participação ilegal numa atividade empresarial.** Criação de uma organização que exerça uma atividade empresarial por uma pessoa autorizada a exercer funções estatais ou por uma pessoa equiparada, ou participação na gestão de tal organização, pessoalmente ou através de um procurador, contrariamente à proibição estabelecida por lei, se este ato estiver relacionado com a concessão de privilégios e vantagens a essa organização ou com patrocínio sob outra forma.

4. **Obstrução da atividade empresarial lícita.** Restrição dos direitos e interesses legítimos de um empresário individual ou de uma organização comercial, restrição da sua independência ou outra interferência ilegal nas suas actividades, se estes actos forem cometidos por uma pessoa autorizada a exercer funções estatais ou por uma pessoa equiparada, utilizando os seus poderes oficiais com o objetivo de obter benefícios e vantagens para si próprio ou para outras pessoas ou organizações.

5. **Receção de suborno.** A receção, por uma pessoa responsável, pessoalmente ou através de um intermediário, de um suborno sob a forma de dinheiro, valores mobiliários, outros bens, direitos de propriedade ou benefícios de natureza patrimonial, para si próprio ou para outras pessoas, para acções (inação) a favor do subornador ou de pessoas por ele representadas, se tais acções (inação) estiverem no âmbito dos poderes oficiais dessa pessoa, ou se ela, em virtude da sua posição oficial, puder facilitar tais acções (inação), bem como para patrocínio geral ou conivência.

6. **Dar um suborno** a uma pessoa responsável, pessoalmente ou através de um

intermediário.

7. **Mediação em matéria de suborno**, ou seja, assistência ao subornador e ao subornado na obtenção ou aplicação de um acordo entre ambos para receber e dar um suborno.

8. **Falsificação oficial**, ou seja, a introdução de informações conscientemente falsas em documentos oficiais por uma pessoa autorizada a exercer funções estatais ou por uma pessoa equiparada a ela, ou a introdução de correcções nos referidos documentos que distorçam o seu conteúdo real, ou a emissão de documentos conscientemente falsos ou falsificados, se estes actos forem cometidos com o objetivo de obter benefícios e vantagens para si próprio ou para outras pessoas ou organizações, ou de causar danos a outras pessoas ou organizações.

9. **Inação no serviço**, ou seja, o não cumprimento, por uma pessoa autorizada a exercer funções estatais ou por uma pessoa equiparada, dos seus deveres oficiais com o objetivo de obter benefícios e vantagens para si própria ou para outras pessoas ou organizações ou de causar danos a outras pessoas ou organizações, se tal implicar uma violação substancial dos direitos e interesses legítimos dos cidadãos ou organizações ou dos interesses legalmente protegidos da sociedade ou do Estado.

O Código diferencia as penas para estes crimes de corrupção em função do estatuto do infrator e da gravidade da infração. Tendo em conta estes critérios, a pena pode variar, por exemplo, no caso de abuso de poder - de uma multa até dois mil índices mensais estimados e até oito anos de prisão com confisco de bens, com privação vitalícia do direito de ocupar certos cargos ou de exercer certas actividades. Uma pessoa autorizada a desempenhar funções estatais por esta infração é punida com uma multa até dois mil índices de cálculo mensais, ou com trabalho correcional no mesmo montante, ou com restrição da liberdade até dois anos, ou com privação da liberdade durante o mesmo período, com confisco de bens, com privação vitalícia do direito de ocupar certos cargos ou de exercer certas actividades, e uma pessoa que exerça um cargo público responsável é punida com uma multa até seis mil índices de cálculo mensais, ou com trabalho correcional no mesmo montante, ou com privação do direito de ocupar certos cargos ou de exercer certas actividades. Pela mesma infração, que tenha tido consequências graves, as pessoas responsáveis são punidas com pena de prisão de quatro a oito anos com confisco de bens, com privação vitalícia do direito de ocupar certos cargos ou de exercer certas actividades.

O Código Penal define os crimes de corrupção como outros actos praticados por pessoas responsáveis que utilizam a sua posição oficial para obter certas vantagens ou benefícios patrimoniais. Estes incluem:

- Desfalque ou desvio de bens confiados;

- fraude;

- pseudo-empreendedorismo;

- Acções de emissão de uma fatura sem que se tenha efetivamente realizado trabalho, prestado serviços ou enviado mercadorias;

- criação e gestão de um sistema financeiro (de investimento) em pirâmide;

- legalização (branqueamento) de dinheiro e (ou) outros bens obtidos por meios criminosos;

- contrabando económico;

- invasão;

- organização de actividades de jogo ilegal.

As sanções aplicáveis a estas infracções são igualmente diferenciadas em função da categoria de pessoas responsáveis e da gravidade da infração.

O Código Penal classifica como crimes de corrupção os seguintes actos dos comandantes e oficiais militares

- Abuso de poder contrário aos interesses do serviço com o objetivo de obter benefícios e vantagens;

- abuso de poder - prática, por um superior hierárquico ou um funcionário, de actos que excedem claramente os limites dos seus direitos e poderes, ..., com o objetivo de obter benefícios e vantagens para si próprio ou para outras pessoas ou organizações ou de causar danos a outras pessoas ou organizações;

- inação da autoridade - incumprimento de deveres oficiais com o objetivo de obter benefícios e vantagens para si próprio ou para outras pessoas ou organizações ou de causar danos a outras pessoas ou organizações, se tal implicar uma violação substancial dos direitos e interesses legítimos dos cidadãos ou organizações ou dos interesses legalmente protegidos da sociedade ou do Estado,

No Código das Infracções Administrativas da República do Cazaquistão, as seguintes acções são classificadas como infracções de corrupção administrativa:

- a prestação de remuneração material ilícita por particulares a pessoas autorizadas a exercer funções estatais ou a pessoas equiparadas a elas, remuneração material ilícita, presentes, benefícios ou serviços;

- Receção de remuneração material ilícita por uma pessoa autorizada a exercer funções públicas ou por uma pessoa equiparada, pessoalmente ou através de um intermediário, de remuneração material ilícita, presentes, benefícios ou serviços por acções (inação) a favor de pessoas que os forneceram, se essas acções (inação) estiverem no âmbito das competências oficiais de uma pessoa autorizada a exercer funções públicas ou de uma pessoa equiparada;

- a prestação de remunerações materiais ilegais, ofertas, benefícios ou serviços por pessoas colectivas a pessoas autorizadas a exercer funções estatais ou a pessoas a elas equiparadas, remunerações materiais ilegais, ofertas, benefícios ou serviços;

- exercício de actividades comerciais ilegais fora das funções que lhes são atribuídas pela legislação e obtenção de rendimentos ilegais para além das fontes de financiamento estabelecidas, por parte dos organismos públicos estatais e locais;

- não adoção, pelos dirigentes de organismos estatais, de medidas, dentro dos limites da sua autoridade, contra as pessoas que lhes estão subordinadas e que são culpadas de delitos de corrupção;

-	contratar pessoas que tenham cometido anteriormente um crime de corrupção.

As sanções aplicáveis a estas infracções de corrupção administrativa variam:

-	para indivíduos no intervalo de cem a seiscentos índices mensais de cálculo;

-	para as pessoas colectivas - de setecentos e cinquenta (no caso de uma única infração) a mil e quinhentos índices de cálculo mensais (no caso de infracções repetidas no espaço de um ano).

Como se pode verificar pelo que precede, a República do Cazaquistão estabeleceu um quadro jurídico para os esforços de luta contra a corrupção e o desafio consiste em assegurar a sua aplicação rigorosa e de boa fé.

TEMA 5. MELHORIA DAS RELAÇÕES SOCIOECONÓMICAS DA SOCIEDADE DO CAZAQUISTÃO COMO CONDIÇÃO PARA COMBATER A CORRUPÇÃO

Plano

1.   Riscos de corrupção no sector socioeconómico do Cazaquistão moderno.

2.   Principais orientações para a melhoria das relações socioeconómicas no Cazaquistão.

1. Riscos de corrupção no sector socioeconómico do Cazaquistão moderno.

No Cazaquistão moderno, a corrupção é um fenómeno comum tanto para os cidadãos individuais como para a sociedade no seu conjunto; continua a ser um dos principais factores que dificultam o desenvolvimento económico e social do país; ao mesmo tempo, a população está cada vez mais consciente de que a corrupção constitui uma séria ameaça à segurança nacional e tem cada vez mais consciência de que é impossível obter êxito no combate a este fenómeno apenas através de sanções penais. Para além das medidas jurídicas, são também necessárias medidas políticas, socioeconómicas e espirituais para combater com êxito a corrupção. Afinal, a corrupção moderna é um fenómeno criminoso sistémico e estável, baseado em laços e relações económicas, financeiras, informativas, clânicas, étnicas, etc., entre representantes das autoridades estatais e locais e várias estruturas criminosas.

O nível de corrupção é influenciado pelas condições socioeconómicas da sociedade. Ao mesmo tempo, a corrupção, por sua vez, tem um efeito contrário na esfera socioeconómica.

No domínio social, este impacto é resumido da seguinte forma:

-    As relações corruptas criam um fosso entre os valores declarados e os valores reais, formando "dois pesos e duas medidas" de moralidade e comportamento entre os membros da sociedade. [51]Na sociedade, assiste-se a uma "plantação de novos valores morais, entre os quais o lugar central é ocupado pelo culto da prosperidade e do enriquecimento pessoal, sendo o dinheiro a medida e o equivalente do bem-estar da vida". A corrupção leva à desvalorização e ao colapso dos reguladores sociais civilizados do comportamento humano: normas de moral, direito, religião, opinião pública, etc. na sociedade;

-    A corrupção leva a um aumento acentuado da desigualdade social e de propriedade das pessoas, ao empobrecimento de massas significativas da população e ao crescimento da tensão social no país;

-    a corrupção desenfreada cria na população a perceção de que os cidadãos comuns estão indefesos tanto contra as autoridades como contra o crime.

---

51 Kimlatsky O.A., Machulskaya I.G. Sobre o estado da luta contra a corrupção na Federação Russa. http://www.
centre-bereg.ru/m2648.html

No domínio económico, a corrupção tem as seguintes consequências negativas

- destrói o mecanismo de concorrência do mercado, dando vantagens não àqueles que trabalham de forma eficiente e qualitativa, mas àqueles que deram subornos, o que, em última análise, leva a uma diminuição da eficiência da economia no seu todo;

- conduz ao desvio de fundos públicos, na distribuição de empréstimos estatais, impedindo a execução de programas estatais;

- provoca uma distribuição desigual do rendimento, enriquecendo os corruptos à custa do resto da sociedade;

- As "despesas gerais" gastas em subornos são incluídas no custo das mercadorias, provocando um aumento dos preços e prejudicando o consumidor comum;

- a corrupção é um terreno fértil para a propagação da criminalidade organizada e da economia paralela.

[52]Não existem dados sobre as perdas económicas resultantes da corrupção no Cazaquistão, mas é possível obter alguma informação a partir do seguinte exemplo: em Itália, na sequência da Operação Mãos Limpas, uma operação anti-corrupção, a despesa pública na construção de estradas caiu 20% .

Como é sabido, o nosso país entrou na fase de modernização das bases sociais, estatais e económicas desde a sua independência. Atualmente, este processo está longe de estar concluído, o que causa problemas adicionais no combate à corrupção. [53]A literatura especializada dedicada à luta contra a corrupção destaca os seguintes problemas comuns aos países em fase de modernização que dão origem à corrupção.

1) **Dificuldades associadas à superação do legado do** sistema **totalitário**, no qual existia um sistema centralizado de gestão económica. A interferência das autoridades estatais na economia, especialmente a nível regional, é ainda significativa, criando condições favoráveis à corrupção.

1. . **O declínio económico e a instabilidade política** causaram uma queda no nível de vida de grandes segmentos da população, bem como a incapacidade do Estado de proporcionar aos funcionários públicos uma vida decente, o que os empurra para a corrupção popular em massa. Esta situação é alimentada pela inflação, pela alteração das políticas fiscais, pela constante intervenção do Estado na economia e pela falta de regras claras que regulem as relações entre os actores do mercado. Tudo isto acaba por formar um certo estereótipo de comportamento económico orientado para o lucro rápido por todos os meios, incluindo a corrupção. A instabilidade aumenta a escala da economia paralela, alargando o âmbito da corrupção.

3. **Legislação subdesenvolvida e imperfeita, baixa cultura jurídica não só dos cidadãos comuns, mas também dos funcionários do Estado, incluindo os de mais alto nível.** Este problema deve-se principalmente ao facto de a modernização ser acompanhada de mudanças rápidas em todas as esferas da sociedade, enquanto o processo legislativo está sempre atrasado em relação à vida real, criando um terreno

52 Satarov G.A., Levin M.I. Rússia e corrupção: quem é quem? // Rossiyskaya gazeta. 1998. 19 de fevereiro.
53 Ver: http://www.law.vl.ru/law/corrupt/index.html

fértil para a corrupção. Com a liberalização da economia, aumentaram as oportunidades de os funcionários de vários escalões influenciarem os processos económicos, utilizando uma legislação insuficientemente desenvolvida na concessão de vários benefícios, empréstimos, licenças, concursos de privatização, execução de projectos sociais, etc., a entidades empresariais.

4. **A ineficácia das instituições de poder**, que se manifesta, em primeiro lugar, no facto de não ter sido ainda possível criar um sistema estatal coerente que garanta o respeito estrito das regras proclamadas da economia de mercado. A falta de uma proteção eficaz por parte do Estado obriga as entidades económicas a procurá-la junto de funcionários específicos, estabelecendo ligações corruptas.

O sistema de nomenklatura de guildas na seleção e promoção dos funcionários públicos, remanescente do sistema totalitário, ainda não foi completamente destruído. Ainda há muitos vigaristas que entram na função pública com um objetivo específico: usá-la para enriquecimento pessoal.

5. **A fraqueza da sociedade civil e a separação entre a sociedade e as autoridades**. As conferências anteriores mostraram que uma luta bem sucedida contra a corrupção só é possível se o Estado trabalhar em estreita colaboração com as instituições da sociedade civil. No entanto, o declínio inevitável da situação sociopolítica dos cidadãos que acompanha o período inicial de transição para o processo de modernização da sociedade provoca uma desilusão que substitui as esperanças anteriores, o que contribui para o afastamento da sociedade das autoridades e para uma diminuição da atividade das associações públicas.

A fragilidade da sociedade civil no Cazaquistão está também relacionada com o facto de, tal como em todo o território da antiga União Soviética, as instituições da sociedade civil serem praticamente inexistentes na altura da declaração de independência e de, atualmente, o processo da sua criação e inclusão na vida política do país estar longe de estar concluído.

[54]Estas e outras razões criam condições para os riscos de corrupção, sendo as principais.

1. **Privatizações de bens do Estado.** As privatizações em grande escala tiveram lugar na década de 1990 e no início da década de 2000, mas ainda hoje existem objectivos de privatização significativos no Cazaquistão, tendo sido anunciada uma terceira vaga de privatizações para o início de 2016. Os tipos de corrupção mais comuns neste domínio são o desvio de fundos e o suborno. No decurso das privatizações, é cometido um grande número de práticas corruptas que não são abrangidas pela responsabilidade penal direta, como a subavaliação de objectos privatizados, a manipulação das condições de concurso e a compra de empresas por funcionários através de mandatários.

2. **Distribuição dos fundos orçamentais.** A escassez crónica de fundos orçamentais permite que os funcionários decidam a quem atribuir os fundos na totalidade e a quem

---

54 O risco de corrupção é a possibilidade de ocorrência de causas e condições conducentes à prática de infracções de corrupção.

não os atribuir na totalidade, a quem transferir o dinheiro mais cedo e a quem o transferir mais tarde, o que é acompanhado de corrupção.

Os fundos orçamentais são igualmente distribuídos através de encomendas e contratos públicos. Esta esfera continua a ser a mais fechada e descontrolada na distribuição e utilização de fundos públicos, mesmo nas Forças Armadas, como comprovam os julgamentos de antigos altos funcionários do Ministério da Defesa da República do Cazaquistão em 2014-2015.

3. **Concessão de privilégios** em matéria de exportações e importações, impostos, licenças, etc. Inclui também o adiamento do pagamento de impostos, a prorrogação de contratos de empréstimo, a concessão de garantias estatais, as preferências orçamentais utilizadas para obter subornos.

4. **Setor bancário.** A transferência de fundos orçamentais para a gestão dos bancos comerciais é uma fonte de enormes lucros para estes em condições de inflação elevada e abre amplas oportunidades de corrupção.

5. **Os serviços responsáveis pela aplicação da lei,** ao fundirem-se com a criminalidade económica, criam um ambiente que gera uma variedade de práticas corruptas: extorsão direta por parte dos funcionários responsáveis pela aplicação da lei, pressão para que estes subornem os concorrentes na esfera comercial, obtenção de lucros com o desmoronamento de processos penais, patrocínio ("cobertura") de empresas ilegais e muito mais.

6. **O sector da fiscalidade** cria um terreno propício à corrupção. São comuns as seguintes práticas: reescrita de actos de inspeção, emissão de certificados fictícios em benefício de estruturas comerciais, aconselhamento direto em matéria de evasão fiscal.

7. **As alfândegas** são um dos sectores mais atraentes para a corrupção. Está associada à circulação de um grande número de mercadorias, cujo desalfandegamento exige muito tempo e dinheiro para o pagamento de direitos aduaneiros. Os esquemas de corrupção permitem fazê-lo de forma mais rápida e mais barata, causando perdas de vários milhares de milhões de dólares para o orçamento do Estado. A escala da corrupção nos serviços aduaneiros da República do Cazaquistão é evidenciada por processos judiciais anteriores no chamado "caso Khorgos".

8. **Conscrição para o serviço militar.** O suborno para obter a oportunidade de ser dispensado do serviço militar está muito difundido neste domínio. [55]De acordo com alguns dados relativos à Rússia, mais de metade dos jovens que foram dispensados do serviço militar fizeram-no com a ajuda de subornos.

A elevada probabilidade de riscos de corrupção está também associada a acções como

- cobrança de multas e outros pagamentos à população por parte de vários organismos;

- emissão de autorizações para o exercício de vários tipos de actividades;

- licenças de construção e aquisição de terrenos;

---

55 Ver: http://www.law.vl.ru/law/corrupt/index.html

-   controlo por parte dos serviços estatais (bombeiros, serviços sanitários, etc.), de que são vítimas as pequenas e médias empresas no Cazaquistão.

[56]Na interação entre as autoridades e os cidadãos comuns, os riscos de corrupção são facilitados por :

-   manter uma vasta gama de serviços públicos abrangidos pelo princípio da autorização;

-   Os cidadãos desconhecem os seus direitos a receber serviços e as obrigações dos funcionários para os prestar;

-   ocultação, por parte dos funcionários, de informações sobre os seus deveres e os direitos dos cidadãos;

-   a complexidade dos procedimentos burocráticos;

-   monopólio das agências na prestação de serviços;

-   caraterísticas estruturais das autoridades, em que uma agência tem autoridade tanto para tomar decisões de poder como para prestar serviços.

Nesta interação, os riscos de corrupção estão também relacionados com a falta de procedimentos convenientes para que os cidadãos cumpram as suas obrigações (por exemplo, a perspetiva de se deslocar a um banco e ficar numa fila para pagar uma multa por uma infração de trânsito é suscetível de forçar um cidadão a subornar um inspetor - será mais barato e reduzirá o tempo).

2. Principais direcções para a melhoria das relações socioeconómicas no Cazaquistão

Desde o momento da independência até aos dias de hoje, o Cazaquistão passou por várias etapas no caminho para a criação de um Estado democrático, secular, legal e social com uma economia de mercado desenvolvida, um Estado cujos valores mais elevados são o ser humano, a sua vida, direitos e liberdades, tal como proclamado na Constituição. [57]Em cada uma destas fases, foram resolvidas tarefas específicas, cuja execução levou o país na direção especificada; as próprias fases, a sua concretização, tarefas e objectivos foram formulados nos discursos anuais do Presidente Nazarbayev ao povo do Cazaquistão: é dever constitucional do Presidente determinar as principais orientações da política interna e externa do Estado.

Em 1997, o Presidente Nazarbayev, no seu discurso "Prosperidade, Segurança e Melhoria do Bem-Estar de Todos os Cazaques", apresentou a Estratégia de Desenvolvimento da República do Cazaquistão até 2030 (Estratégia Cazaquistão-2030), que delineava a via a longo prazo para o desenvolvimento do país, com o objetivo de transformar a República do Cazaquistão num dos Estados mais seguros, estáveis e economicamente sustentáveis do mundo, com uma economia em desenvolvimento dinâmico.

---

56 Ver: ibid.
[57] Ver: Constituição da República do Cazaquistão. Art. 40.1.

A Estratégia de Desenvolvimento do Cazaquistão-2030 prevê a implementação de sete prioridades a longo prazo, duas das quais (3 e 7) são diretamente relevantes para o tema da nossa palestra:

3. Crescimento económico baseado numa economia de mercado aberta com elevados níveis de investimento estrangeiro e de poupança interna. -

7. Estado profissional.

A concretização da terceira prioridade assenta em dez princípios básicos, os mais importantes dos quais são "Intervenção limitada do governo na economia com um papel ativo. A estratégia para resolver estes problemas consiste em: eliminar a interferência administrativa do governo no comércio e na produção; concluir o processo de privatização, incluindo o sector imobiliário, as restantes pequenas e médias empresas e as agro-indústrias; organizar e simplificar o governo central e as administrações locais de forma sensata, repensando seriamente as suas funções, poderes e responsabilidades; prosseguir vigorosamente a reforma do sistema judicial e dos organismos responsáveis pela aplicação da lei; estabelecer o Estado de direito absoluto e proteger os cidadãos cumpridores da lei; e reforçar o Estado de direito.

[58]Pelo contrário, aplicar toda a força do poder e da lei àqueles que se proporcionam uma existência sem problemas através de meios ilegais". É evidente que a eliminação da interferência administrativa nas empresas reduz significativamente o campo de ação dos funcionários corruptos.

A execução da sétima prioridade, que consiste em criar um Estado profissional, define explicitamente a tarefa de combater de forma decisiva e implacável a corrupção e de melhorar o sistema de recrutamento, formação e promoção.

Em outubro de 2007, numa conferência internacional dedicada ao 10.º aniversário da estratégia Cazaquistão-2030, Nazarbayev referiu que uma das principais prioridades a longo prazo do Cazaquistão continua a ser a melhoria da eficiência da administração pública. Durante a última década, no âmbito da execução da estratégia, foi criada a Agência da Função Pública, foram adoptadas as leis "sobre a função pública", "sobre a luta contra a corrupção", "sobre os procedimentos administrativos" e o código de honra dos funcionários públicos. Foi introduzido um sistema competitivo de recrutamento para a função pública. Algumas funções que não são próprias do Estado foram transferidas para um ambiente concorrencial. Em conformidade com as últimas alterações constitucionais, o poder local foi reforçado e os maslikhats foram investidos dos poderes de órgãos de governo autónomo local.

... De acordo com as organizações e os peritos internacionais, o Cazaquistão alcançou resultados elevados no domínio da reforma da função pública, aproximando a sua legislação e os seus procedimentos das normas internacionais.

Mas ainda há muito a fazer neste domínio. [59]E o Governo, sob as minhas instruções,

---

58 Cazaquistão 2030. Estratégia de desenvolvimento do Cazaquistão até 2030: problemas e formas de os concretizar. http://www.tarih-begalinka.kz/ru/history/independent/history/page3385/
59 A estratégia Cazaquistão-2030 em ação: 10 anos de sucesso. http://dppzhambyl.gov.kz/strategy 2030.php

está a trabalhar ativamente para prosseguir a reforma administrativa".

No mesmo ano, no seu discurso regular, o Presidente identificou 30 domínios importantes da nossa política interna e externa, entre os quais o combate à corrupção ocupa um lugar importante. Em particular, a tarefa consiste em desenvolver e implementar medidas de apoio às pequenas e médias empresas, identificar e reduzir os obstáculos legislativos, administrativos e burocráticos à iniciativa empresarial. [60]O governo foi incumbido de "proceder a uma revisão global da legislação antimonopólio e criar mecanismos claros de identificação dos factos de restrição da concorrência e de conluio entre os intervenientes no mercado, impedindo a monopolização "oculta" dos sectores básicos da nossa economia, bem como recomendações adequadas sobre a aplicação de sanções". Foram definidas as tarefas de simplificação dos procedimentos **de** registo de parcelas de terreno, bem como a transparência do procedimento de concessão, a transferência de todos os tipos não estratégicos de actividades económicas do Estado para um ambiente de mercado competitivo. A criação do chamado "governo eletrónico" terá um impacto na redução dos contactos dos funcionários públicos com a população, que criam riscos de corrupção.

A progressão gradual do Cazaquistão no sentido da aplicação da estratégia "Cazaquistão-2030" e a resolução de determinadas tarefas exigem a revisão e a especificação da legislação atual. Em especial, em 2008, era necessário adaptar o sistema fiscal existente às realidades económicas actuais. Tal como referido no discurso presidencial de 6 de fevereiro de 2008, "o atual Código Fiscal tem desempenhado um papel positivo no crescimento económico, mas atualmente o seu potencial está praticamente esgotado. O Código tem mais de 170 tipos de privilégios e preferências, que estão a aumentar constante e aleatoriamente. O Governo deve desenvolver um novo Código Fiscal. Este deverá contribuir para a modernização e diversificação da economia e para a saída das empresas da "sombra".

[61]O novo Código deve adquirir o carácter de uma lei de ação direta, protegendo da livre interpretação das suas normas pelos serviços fiscais, conjugando a qualidade da administração e os interesses dos contribuintes".

As novas realidades exigiram o aperfeiçoamento da legislação, nomeadamente em matéria de concorrência e de luta contra a criminalidade e a corrupção. A Agência para a Proteção da Concorrência foi criada para lutar contra a colusão de preços, a concorrência desleal e o abuso de posição dominante e monopolista por parte dos operadores do mercado.

O discurso dedica uma atenção considerável ao problema da implementação acelerada das medidas previstas pela reforma administrativa para desenvolver o sistema de administração pública com base nos princípios de eficiência, transparência e responsabilidade perante a sociedade, tendo em conta a melhor experiência internacional. Um dos elementos-chave da reforma administrativa, sublinha o

---

60 Mensagem do Presidente da República do Cazaquistão, N. Nazarbayev, ao povo do Cazaquistão. 28 de fevereiro de 2007. http://shahtinsk.gov.kz/ru/pos_6_5
61 Mensagem do Presidente da República do Cazaquistão, N. Nazarbayev, ao povo do Cazaquistão. 6 de fevereiro de 2008. http://shahtinsk.gov.kz/ru/pos_6_4

Presidente, "deve ser uma nova política de pessoal no país. O fator humano está a tornar-se decisivo na fase moderna do desenvolvimento. [62]É necessário desenvolver abordagens modernas que visem a formação de um núcleo profissional de gestores de uma nova formação no sistema da administração pública".

Outro problema neste domínio é a redução da carga administrativa sobre as empresas, a maior simplificação do sistema de autorizações e, sobretudo, o licenciamento, a certificação e a acreditação. A gravidade deste problema é demonstrada pelo Presidente ao citar os seguintes factos

o seguinte exemplo: "De acordo com o último relatório Doing Business do Banco Mundial, são necessários 89 dias para concluir todos os procedimentos de exportação no Cazaquistão, enquanto na Estónia, por exemplo, são necessários apenas 5 dias. Um verdadeiro desastre para um empresário são os vários tipos de inspecções, estipulados por mais de 50 leis! Alguns organismos procuram uma oportunidade para "controlar" uma empresa várias vezes sob vários pretextos, em violação da lei. Isto distrai seriamente as empresas da sua atividade. E isto vai contra a política que estou a seguir. [63]É necessário reduzir significativamente o número de inspecções por parte das forças da ordem e de outros organismos de inspeção e racionalizá-las" .

Durante os dez anos de aplicação da estratégia "Cazaquistão-2030", duplicámos o volume do PIB da República e cumprimos efetivamente as obrigações sociais do Estado. O salário médio mensal aumentou 5 vezes e o valor médio das pensões 3 vezes. A percentagem da população com rendimentos inferiores ao mínimo vital quadruplicou (de 50% para 12%). Os principais indicadores de saúde da população melhoraram. A esperança de vida aumentou de 65 para 68 anos. [64]A mortalidade materna diminuiu para metade e a taxa de natalidade aumentou uma vez e meia".

O passo seguinte no desenvolvimento socioeconómico do Cazaquistão foi a adoção e a aplicação do Plano Estratégico - 2020, definido no discurso presidencial de 29 de janeiro de 2010 "Uma nova década - Novo crescimento económico - Novas oportunidades para o Cazaquistão". [65]Neste discurso, foi apresentada uma tripla tarefa: "em primeiro lugar, melhorar significativamente o clima empresarial; em segundo lugar, assegurar o funcionamento estável do sistema financeiro; em terceiro lugar, prosseguir a formação de um ambiente jurídico fiável" .

A resolução desta tarefa, assinalada no discurso, permitirá ao Cazaquistão entrar na lista dos 50 países com o clima empresarial mais favorável.

A execução do Plano Estratégico 2020 define novas tarefas para reforçar a economia e melhorar o bem-estar da população. Estas tarefas foram formuladas no discurso do Presidente de 27 de janeiro de 2012 e a sua solução deverá, de acordo com o plano do Presidente, determinar o principal vetor de desenvolvimento socioeconómico do

---

62 Ibid.

63 Mensagem do Presidente da República do Cazaquistão, N. Nazarbayev, ao povo do Cazaquistão. 6 de fevereiro de 2008. http://shahtinsk.gov.kz/ru/pos_6_4

64 Mensagem do Presidente da República do Cazaquistão N. Nazarbayev ao povo do Cazaquistão. 29 de janeiro de 2010. http://shahtinsk.gov.kz/ru/pos_6_2

65 Ibid.

Cazaquistão para a próxima década.

A primeira destas tarefas é o emprego dos cazaques. O país desenvolveu e começou a aplicar um programa de emprego destinado a criar um sistema eficaz de formação e de assistência ao emprego, a promover o espírito empresarial nas zonas rurais, a aumentar a mobilidade dos recursos de mão de obra e a dar prioridade ao emprego nos centros de atividade económica do Cazaquistão.

Outra tarefa consiste em melhorar a qualidade dos serviços públicos prestados à população. A solução desta tarefa é um aspeto importante do combate à corrupção e do aumento da confiança dos cidadãos nas actividades dos organismos estatais. O elemento central desta tarefa é a melhoria do trabalho do "governo eletrónico". O endereço estabelece uma tarefa específica: até ao final de 2012, 60% dos serviços públicos socialmente importantes, incluindo todos os tipos de licenças, devem ser prestados apenas em formato eletrónico.

No seu discurso, o Presidente volta a referir as tarefas de melhoria do sistema de formação de uma classe política qualificada de gestores e de seleção de pessoal, bem como de modernização dos sistemas judicial e de aplicação da lei. Ao falar sobre a luta contra a corrupção, o Presidente levanta, pela primeira vez, a questão da transição para a declaração não só dos rendimentos mas também das despesas dos funcionários públicos, bem como a necessidade de desenvolver um programa global de luta contra a corrupção.

A avaliação dos resultados do desenvolvimento socioeconómico do Cazaquistão nos últimos 20 anos de independência foi feita pelo Presidente Nazarbayev no seu discurso de 14 de dezembro de 2012 "Estratégia "Cazaquistão-2050". O novo rumo político do Estado estabelecido". Este discurso define o principal objetivo do desenvolvimento do Cazaquistão para o próximo período - tornar-se **um dos 30 países mais desenvolvidos do mundo** até 2050, criando uma **sociedade de bem-estar com base num Estado forte, numa economia desenvolvida e em oportunidades para o trabalho universal.**

[66]Os principais resultados do desenvolvimento do Cazaquistão ao longo de vinte anos, tal como referido no discurso, são :

-    Criação de um Estado forte e independente baseado num sistema moderno de governação;

-    Um processo sustentável de democratização e liberalização ligado ao nível de desenvolvimento económico;

-    harmonia e paz entre diferentes grupos sociais, étnicos e religiosos;

-    modelo moderno de economia de mercado baseado na propriedade privada, na livre concorrência e nos princípios de abertura;

-    políticas sociais fortes que asseguraram a estabilidade e a harmonia social;

---

66 Ver: Discurso do Presidente da República do Cazaquistão N. Nazarbayev ao Povo do Cazaquistão, 14 de dezembro de 2012, http://shahtinsk.gov.kz/ru/pos_6_17.

-	O Cazaquistão é reconhecido pela comunidade internacional como um parceiro responsável e fiável.

Durante a aplicação da estratégia Cazaquistão-2030, o PIB do país aumentou mais de 16 vezes, o volume da produção industrial aumentou 20 vezes e foram criados mais de 44 000 novos postos de trabalho. O salário médio mensal aumentou 9,3 vezes. O valor médio das pensões aumentou 10 vezes, a esperança de vida subiu para 70 anos. Os rendimentos monetários nominais da população aumentaram 16 vezes.

[67]A análise dos resultados do desenvolvimento do Cazaquistão ao longo dos últimos tempos permitiu ao Presidente concluir que "as principais tarefas definidas pela Estratégia-2030 foram cumpridas, outras estão em vias de o ser" e justificar a necessidade de "construir um **novo rumo político para a nação até 2050,** no âmbito do qual a execução das tarefas da Estratégia-2030 continuará".

Os principais objectivos do desenvolvimento futuro do Cazaquistão são definidos no discurso:

-	desenvolvimento e reforço do estatuto de Estado;

-	transição para novos princípios de política económica;

-	apoio global ao espírito empresarial - a força motriz da economia nacional;

-	a formação de um novo modelo social;

-	criação de sistemas de educação e de saúde modernos e eficazes;

-	aumentar a responsabilidade, a eficiência e a funcionalidade do aparelho de Estado;

-	construir uma política internacional e de defesa adequada aos novos desafios.

A estratégia "Cazaquistão-2050", que define as principais direcções do movimento progressivo do país em direção a estes objectivos, é dedicada à realização dos mesmos.

Acima de tudo, a estratégia desenvolve em pormenor a política económica do New Deal - um **pragmatismo económico abrangente baseado nos princípios da rentabilidade, do retorno do investimento e da competitividade.** O principal objetivo desta política é criar um clima favorável ao investimento, a fim de desenvolver o potencial económico e um sector privado eficiente da economia. É fácil de ver que tanto o primeiro como o segundo só são possíveis se a componente da corrupção for ativamente reduzida.

No seu discurso, o Presidente chama novamente a atenção para a necessidade de prosseguir a liberalização da administração fiscal e a sistematização da administração aduaneira.

A estratégia atribui um lugar importante ao apoio global ao espírito empresarial, que o Presidente considerou "a força motriz do novo rumo económico". Ao mesmo tempo, falando da necessidade de "criar condições para que as pessoas tentem a sua sorte no

---

67 Discurso do Presidente da República do Cazaquistão, N. Nazarbayev, ao povo do Cazaquistão, 14 de dezembro de 2012. http://shahtinsk.gov.kz/ru/pos_6_17

mundo dos negócios, para que se tornem **participantes de pleno direito nas transformações económicas do país,** em vez de esperarem que o Estado lhes resolva todos os problemas", o Presidente salienta que, para este efeito, é necessário, entre outras coisas, "prever a introdução de um novo e **mais rigoroso sistema de responsabilidade** para os funcionários do Estado que criem obstáculos artificiais às empresas". O Presidente também dá instruções ao Governo para que "até ao final do primeiro semestre de 2013, **cancele todas as autorizações e licenças** que não afectem diretamente a **segurança da vida dos cidadãos do Cazaquistão** e as substitua por notificações".

Com base na conhecida disposição, confirmada pela experiência internacional, de que as empresas privadas são mais eficientes do que as empresas públicas, o Discurso estabelece a tarefa de levar a cabo a segunda vaga de privatizações em grande escala (entre parêntesis, notamos que a terceira vaga de privatizações começou em 1 de janeiro de 2016). "Não é uma etapa fácil, pois implica uma redistribuição de **responsabilidades entre o Estado e o mercado.** Mas temos de o fazer para mantermos taxas elevadas de crescimento económico".

O discurso formula os princípios básicos da nova política social, cuja essência é resumida da seguinte forma:

- garantir aos cidadãos um nível social mínimo;

- Prestar apoio social apenas aos grupos que dele necessitam;

- eliminar os desequilíbrios sociais no desenvolvimento regional;

- modernização das políticas de emprego e de remuneração.

Falando sobre a tarefa de formar um aparelho de Estado profissional para o qual "**o serviço ao povo e ao Estado é primordial**", o Presidente prestou especial atenção ao novo sistema da função pública, que assegurará "o reforço das medidas anti-corrupção, o aumento da transparência na seleção dos funcionários públicos e a introdução do princípio da meritocracia, ou seja, a promoção dos melhores funcionários".

A aplicação destas e de outras disposições da Estratégia Cazaquistão-2050 foi complicada pela crise mundial, que conduziu a um abrandamento do crescimento económico a nível mundial e a um colapso dos mercados globais. [68]Este facto, sublinhado no discurso presidencial de 30 de novembro de 2015, intitulado "O Cazaquistão na nova realidade mundial: crescimento, reformas, desenvolvimento", tornou necessário o desenvolvimento de uma estratégia anti-crise baseada em três conceitos:

- crescimento, antes de mais, da economia através do desenvolvimento da iniciativa privada;

- reformas baseadas no documento desenvolvido "Plano da Nação. Cem passos concretos".

---

68 Ver: Discurso do Presidente da República do Cazaquistão N. Nazarbayev ao povo do Cazaquistão. 30.11.2015 http://www.adilet.gov.kz/ru/node/109370

-	desenvolvimento, modernização contínua de todos os sectores da sociedade.

A estratégia anti-crise prevê mudanças estruturais nos cinco domínios seguintes:

-	estabilização do sector financeiro;

-	otimização da política orçamental;

-	privatização e promoção da concorrência económica;

-	nova política de investimento;

-	nova política social.

Como podemos ver, as cinco direcções das transformações anti-crise definidas no endereço representam um maior desenvolvimento e concretização, bem como um ajustamento, em relação a novas condições, dos planos do movimento de trânsito do Cazaquistão para um Estado democrático, secular, legal e social.

TÓPICO 6. PECULIARIDADES PSICOLÓGICAS DA NATUREZA DO COMPORTAMENTO CORRUPTO

Plano

1. Factores psicológicos da corrupção.

2. Determinantes pessoais do comportamento corrupto.

1. Factores psicológicos da corrupção

A corrupção é um fenómeno social multidimensional, multinível e sistematicamente organizado, que, para além de económica, jurídica, social, de gestão, ética e política, tem uma componente psicológica. Os subornos são aceites e dados, abusados, etc., por pessoas vivas, com as suas paixões e impulsos, pelo que as medidas de combate a este fenómeno devem ter em conta a necessidade de abordar as questões mais importantes de natureza psicológica e sócio-psicológica individual.

[69]Os estudos de psicologia social sobre o comportamento corrupto identificam dois motivos principais :

-   a busca da riqueza material;

-   atitude em relação à corrupção como um jogo perigoso e excitante.

O primeiro deles - visível, externo - é o interesse próprio, o desejo de se dotar de benefícios materiais, de satisfazer as suas necessidades e ambições materiais exorbitantes. Muitas vezes, a obtenção ilegal de benefícios materiais torna-se um fim em si mesmo, sem uma ideia clara da necessidade desses meios.

O segundo motivo semântico - profundo - da corrupção reside na realização de motivos de jogo. Muitos indivíduos corruptos são jogadores por natureza, e não se apercebem de forma alguma desta atração, que funciona na esfera inconsciente da sua psique. Entram num jogo em situações complexas e emocionalmente coloridas; não conseguem imaginar-se fora desse jogo, jogando com outras pessoas, com o perigo, com a lei, com o seu próprio destino. Isto dá-lhes uma grande satisfação psicológica

Como sublinha Y.M. Antonyan, "os motivos de jogo no comportamento corrupto estão interligados com os motivos egoístas e começam a determinar-se mutuamente de forma poderosa. [70]A presença destas duas bases de motivação e o seu reforço mútuo explicam em grande medida a prevalência da corrupção e o facto de o comportamento relevante ser implementado ao longo de muitos anos, tornando-se um modo de vida" . [71]Os investigadores observam que as pessoas criativas, que assumem riscos e que pensam de forma inovadora são as mais bem sucedidas nas fraudes de corrupção.

[72]Os motivos mais comuns de corrupção determinados por factores psicológicos são :

---

69 Ver: Antonyan Y.M. Typology of corruption and corrupt behaviour [Recurso eletrónico]. - URL: http://antonyan-jm.narod.ru/inter3.html.

70 Ibid.

71 Ver: Os psicólogos estudaram as causas da corrupção [Recurso eletrónico]. - URL: http://elizaveta-mc.ru/blogs/tag/%D0%BF%D1%81%D0%B8%D1%85 %D0%BE%D0%BB%D0%B

72 Ver: Sazonova N.P. Psychological aspects of corruption [Recurso eletrónico] - https://www.

- Indemnização pelo prejuízo sentido ao serviço do funcionário.

- uma sensação de instabilidade;

- salários baixos que não correspondem às qualificações e à responsabilidade do trabalho;

- injustiça nas promoções;

- rudeza ou incompetência de um superior.

Na análise sócio-psicológica da corrupção, a atitude em relação a este fenómeno, que está diretamente relacionada com a psicologia de massas dos cidadãos, é importante. Esta atitude no Cazaquistão moderno manifesta-se de três formas: em primeiro lugar, como tolerância, ou seja, uma atitude em relação à corrupção como um mal inevitável e invencível que não merece condenação ("quem não a aceita?", "estar na água e não se molhar?"); em segundo lugar, a condenação na consciência das massas não da corrupção em geral, mas dos casos mais graves; em terceiro lugar, uma atitude inconsistente e contraditória baseada num sistema de dupla moral. Por um lado, a corrupção, especialmente a corrupção de topo, é considerada socialmente inaceitável. Por outro lado, a corrupção, especialmente a corrupção de base, não é praticamente condenada e é mesmo justificada. "Eu e os meus familiares cometemos um ato corrupto em resposta a circunstâncias objectivas, enquanto acções semelhantes de outras pessoas são condenadas".

A propagação da corrupção é também significativamente influenciada por peculiaridades sociais e psicológicas da nossa sociedade, tais como a prioridade dos laços e relações informais sobre os formais. Os vestígios de elementos patriarcais que não foram erradicados, como o compadrio, o nepotismo, etc., são caraterísticos da nossa sociedade e constituem uma enorme ameaça de corrupção. - são caraterísticos da nossa sociedade e criam uma enorme ameaça de corrupção. Não é por acaso que as mulheres de altos funcionários se tornam frequentemente "empresárias de sucesso", ganhando muitas vezes mais do que os seus cônjuges de alto nível. São muitos os exemplos de familiares de altos funcionários que, independentemente das suas qualificações, se vêm subitamente à frente de instituições e organizações sólidas. Por outras palavras, o hábito de conseguir algo pela sorte, pelo conhecimento ou pelo parentesco está firmemente enraizado na mentalidade da nossa sociedade. É esta circunstância que formou um padrão de comportamento bem conhecido, quando uma pessoa que cometeu, por exemplo, um acidente de viação, começa por chamar, em primeiro lugar, não a polícia de trânsito, nem a ambulância para socorrer os feridos, mas as pessoas certas que o poderiam "safar".

As relações informais que prevalecem na nossa sociedade conduziram à formação de várias redes de corrupção, quando, por exemplo, os polícias de um distrito, "cobrindo" estabelecimentos comerciais, partilham o produto da corrupção com os seus parceiros que não participaram numa determinada ação. Ou quando as patentes inferiores partilham o dinheiro da corrupção com os seus superiores, o que é mais perigoso para

---

google.kz/?client=opera&gws_rd=cr&ei=rEryVuXpH-P5yQOpl56YCQ

a sociedade.

A criação de redes de corrupção cria um ambiente social e psicológico no qual até a pessoa mais honesta só pode permanecer se se tornar uma pessoa corrupta. Caso contrário, a rede "livra-se" dele, rejeita-o. "Em certos segmentos da sociedade que se transformaram em campos de ensaio da corrupção, os processos formais de recrutamento são já uma admissão aos sistemas corruptos. [73]Os procedimentos fechados de seleção de pessoal contribuem para o facto de os indivíduos que estão conscientemente preparados para práticas corruptas serem autorizados a servir em sistemas corruptos" .

A participação em redes de corrupção tem também um efeito sócio-psicológico negativo, como a perda do sentido de responsabilidade pelos actos cometidos, o que acaba por levar à expansão e ao aprofundamento da corrupção. "A perceção subjectiva do risco é reduzida se um funcionário partilhar um suborno com os seus superiores, se um vendedor der parte da propina ao chefe da empresa. E quanto mais numerosa for a rede de participantes numa transação corrupta, menor será o sentimento de culpa ... [74]e o risco de arruinar a reputação se for exposto".

E há mais um ponto negativo no estado sócio-psicológico da nossa sociedade que deve ser mencionado - a falta de uma compreensão clara da fronteira entre um suborno e a gratidão. A maioria dos nossos cidadãos acredita que alguns tipos de serviços implicam gratidão sob a forma de dinheiro-mercadoria, percebendo claramente que o destinatário não exige nada em troca. Por exemplo, a um professor ou docente universitário por uma boa nota num exame, a um médico por uma operação bem sucedida, etc. A maioria dos cidadãos encara estas acções como uma gratidão humana natural e não como um ato corrupto. Entretanto, na cultura de muitas nações, tais formas de comportamento causam incompreensão e perplexidade: são consideradas selvagens e ofensivas. Por outras palavras, muitas acções caracterizadas (e punidas) como corruptas noutros países são consideradas normais e comuns na nossa sociedade. A corrupção, na sua interpretação mais lata, é o nosso modo de vida atual. De acordo com numerosos inquéritos, não há praticamente nenhum cidadão que não dê subornos de uma forma ou de outra. Ao mesmo tempo, o número de ofertas corruptas excede largamente o número de extorsões de subornos, ou seja, os cidadãos impõem frequentemente subornos aos próprios funcionários, mesmo que estes não o exijam.

Os factores sócio-psicológicos da corrupção são significativamente influenciados pela natureza transitória da sociedade moderna do Cazaquistão, onde a formação de novas formas de relações sociais está atrasada em relação à atividade política e económica da população, quando a institucionalização de novas formas ainda não foi consagrada em leis e a adoção de decisões relevantes depende inteiramente da arbitrariedade dos funcionários. Por isso, uma direção importante na luta contra a corrupção é reduzir radicalmente o número de funções permissivas e proibitivas dos funcionários. Uma

---

73 Alekseev S.V. Corrupção na sociedade de transição [Recurso eletrónico] . - URL: http://www. ceninauku.ru/page_23202.htm.
74 Glinkina S.P. Corrupção: uma ameaça fatal? // Facetas não económicas da economia: influência mútua não reconhecida / ed. por O.T. Bogomolov. - M., 2010. C. 443.

influência significativa na propagação da corrupção é a indiferença de uma parte significativa da sociedade do Cazaquistão em relação às violações das normas sociais e o cinismo das massas em relação às infracções anti-sociais. O nível de corrupção é influenciado por várias caraterísticas da cultura nacional (por exemplo, a tradição de dar presentes), as suas peculiaridades, como o coletivismo ou o individualismo, as peculiaridades das confissões religiosas, etc.

[75]Do exposto, podemos concluir que a corrupção é um fenómeno culturalmente determinado, "constantemente reproduzido pela tradição cultural, apoiando-se em caraterísticas permanentes e estáveis da cultura nacional" .

Nos tópicos anteriores já foram discutidas formas de combater a corrupção, entre as quais as medidas legislativas ocupam um lugar importante, que devem ser complementadas por outras medidas, em especial as relacionadas com a psicologia.

Entre essas medidas, o primeiro lugar é ocupado pela vontade das autoridades, do Estado e da sociedade no seu conjunto de lutar intransigentemente contra a corrupção. E, neste ponto, é preciso notar que, atualmente, na maioria dos países pós-soviéticos, há falta de vontade para esta luta. [76]Como refere Y.Y. Boldyrev, "o problema não é o facto de ninguém saber o que fazer, mas sim o facto de nem as autoridades nem a sociedade terem o principal: a vontade de resolver o problema". A situação é ainda mais complicada pelo facto de a corrupção dever ser combatida principalmente pelos funcionários, a maioria dos quais são eles próprios corruptos, enquanto a sociedade civil do nosso país ainda não é suficientemente forte para obrigar os funcionários a combater este fenómeno.

Ao mesmo tempo, é óbvio que a luta contra a corrupção não pode ser reduzida apenas aos esforços das autoridades e dos funcionários; deve ter um carácter de massas, envolver amplos segmentos da população e basear-se em práticas comportamentais adequadas. Para tal, é necessário alterar a atitude tolerante da maioria da sociedade cazaque em relação à corrupção como um mal menor, inevitável e inexorável. É necessário desenvolver uma consciencialização generalizada da nocividade do comportamento corrupto, mesmo nos casos aparentemente mais inócuos. A história recente está repleta de exemplos em que a corrupção quotidiana, entendida como desvios menores, conduziu a tragédias terríveis (recorde-se a passagem sem entraves de militantes através dos postos de controlo da polícia de trânsito para o ataque terrorista à escola na cidade de Beslan, a infiltração de mulheres terroristas, contornando os postos de controlo, no avião que explodiu sobre Voronezh, etc.).

De um ponto de vista psicológico, existem duas formas de participação nas actividades de luta contra a corrupção para os cidadãos comuns que não estão investidos de qualquer autoridade - passiva e ativa.

A essência da **forma passiva** reside na conhecida expressão "simplesmente não dar

75 Nestik T.A. Corruption and Culture [Recurso eletrónico] // Shadow Economy in Soviet and Post-Soviet Societies. 2002. № 4. - URL: http://corruption.rsuh.ru/magazine/3/n4- 05.html.
76 Boldyrev Y.Y. Corruption as a systemic vice of Russian capitalism // Non-economic facets of the economy: unrecognised mutual influence / ed. by O.T. Bogomolov. - Moscovo: Instituto de Estratégias Económicas, 2010, p. 456.

subornos". Esta forma peculiar de luta contra a corrupção exige uma certa determinação do sujeito, bem como a vontade de renunciar a certos benefícios materiais ou imateriais (por exemplo, acelerar a obtenção de uma autorização graças a um suborno). Esta forma de luta contra a corrupção recebe geralmente a aprovação da opinião pública e é apoiada pelos cidadãos.

Uma outra forma de luta dos cidadãos comuns contra a corrupção está **ativa** - consiste em queixas (sinais, declarações) às autoridades competentes sobre quem recebe subornos ou sobre quem vive claramente acima das suas possibilidades. Regra geral, este tipo de luta na nossa sociedade é condenado e, na maioria das vezes, qualificado como "denúncia", "exploração sexual" ou "blasfémia". Esta atitude negativa generalizada em relação aos "informadores" tem as suas raízes históricas, mas também está ligada a razões modernas: descrença dos cidadãos no interesse das autoridades em erradicar a corrupção, desconfiança nos organismos responsáveis pela aplicação da lei, falta de vontade de assumir a responsabilidade em processos prolongados relativos a uma queixa. O romance "blatnaya" e as "noções" do mundo do crime, que se enraizaram profundamente, especialmente entre a geração jovem de hoje, também desempenharam o seu papel na atitude negativa da sociedade em relação às queixas. O facto de, de acordo com a legislação em vigor, as queixas anónimas apresentadas a várias autoridades não serem objeto de apreciação tem um grande impacto na passividade dos cidadãos.

Esta abordagem negativa da "denúncia" no nosso país contrasta vivamente com o que acontece em casos semelhantes nos países ocidentais. [77]Se lá, diz uma fonte, "alguém estacionar um carro num local impróprio, várias pessoas farão queixa à polícia, que virá imediatamente, e aquilo a que chamamos denúncia é entendido como o cumprimento de um dever cívico, recebe todo o apoio dos outros e é incentivado de todas as formas possíveis, incluindo financeiramente".

Nos países com baixo índice de corrupção, a tecnologia de apresentação e resposta às queixas dos cidadãos é simplificada ao extremo. Aqui, em qualquer instituição onde existam riscos de corrupção, os locais mais proeminentes estão assinalados com endereços, incluindo electrónicos, e números de telefone dos serviços onde as queixas devem ser apresentadas, incluindo de forma anónima. Não é preciso escrever depoimentos pessoais, que os nossos concidadãos muito temem, nem perder tempo em filas de espera junto dos responsáveis pelo combate à corrupção, nem gastar envelopes em portes. É importante que a punição penal dos funcionários corruptos seja acompanhada da sua inclusão em "listas negras", o que os impede de ocupar qualquer cargo público para o resto das suas vidas. E isto tendo como pano de fundo a realidade do Cazaquistão, onde os funcionários considerados culpados de corrupção voltam a ocupar altos cargos, incluindo públicos, e não sofrem de remorsos.

Nos últimos anos, a questão da introdução do polígrafo ("detetor de mentiras") na prática da seleção de pessoal nas estruturas governamentais tem vindo a ganhar eco na sociedade. Embora os especialistas reconheçam o efeito positivo da introdução deste

---

77 A. L. Zhuravlev, A. V. Yurevich. Factores psicológicos da corrupção [Recurso eletrónico] - http://www.ulan-ude-eg.ru/information/anticorruption/komissiya/Psih%20 faktori.pdf

dispositivo e este já esteja a ser utilizado em algumas estruturas, seria prematuro falar da sua utilização generalizada na luta contra a corrupção.

2. Determinantes pessoais do comportamento corrupto

O problema da corrupção na sociedade moderna adquiriu um significado prático importante, o que exigiu a adoção de medidas fundamentais para contrariar este fenómeno. Isto, por sua vez, conduziu a numerosos estudos sobre os aspectos económicos, jurídicos e sociais da corrupção, que, de acordo com a opinião geralmente reconhecida, devem também ter em conta o aspeto psicológico. [78]Como observa M. Reshetnikov, "sem abordagens psicologicamente fundamentadas, é improvável que se possa fazer alguma coisa, porque a corrupção é apenas um problema jurídico e económico nas suas consequências, mas inicialmente é um problema puramente psicológico e humano".

Para analisar e caraterizar os aspectos psicológicos da corrupção, a ciência psicológica utiliza os seguintes conceitos: [79]"comportamento corrupto", "pressão da corrupção", "resistência à corrupção", "propensão para a corrupção" .

O comportamento **corrupto** é o comportamento de um funcionário que visa obter um benefício pessoal através do abuso da sua posição oficial.

A pressão da corrupção é um conjunto de factores sociais e psicológicos que influenciam um funcionário, conduzindo-o a uma situação de escolha entre o abuso de poder para benefício pessoal ou a sua rejeição.

A resiliência anticorrupção é uma propriedade sistémica de um indivíduo que se manifesta na sua capacidade de resistir à pressão da corrupção e de escolher entre um comportamento criminoso e um comportamento respeitador da lei, favorecendo este último.

A propensão para a corrupção é uma predisposição pessoal para escolher um comportamento corrupto numa situação de pressão corrupta.

De um ponto de vista psicológico, é extremamente importante identificar as determinantes pessoais do comportamento corrupto dos funcionários, para responder à pergunta: o que determina o comportamento de um funcionário corrupto - factores externos (pressão da corrupção) ou propriedades internas da personalidade (propensão para a corrupção ou resistência à corrupção).

Na sua essência, o comportamento corrupto é um tipo de comportamento social, uma vez que se trata de uma ação de um funcionário que afecta os interesses de indivíduos, grupos sociais, comunidades ou da sociedade no seu conjunto. Manifesta as qualidades psicológicas e sociais individuais de uma pessoa, como o temperamento, o carácter, a vontade, as motivações, as convicções profissionais e morais e as orientações de valores.

---

78 Reshetnikov M. Psicologia da corrupção: utopia e distopia. SPb.: Instituto de Psicanálise da Europa de Leste, 2008, p. 107.
79 Ver: Vannovskaya O.V. Personal determinants of corrupt behaviour [Recurso eletrónico]. http://cyberleninka.ru/article/n/lichnostnye-determinanty-korruptsionnogo- povedeniya#ixzz3vax3DIta

Por outro lado, o comportamento corrupto é um tipo de comportamento desviante determinado pela conformidade ou não conformidade de certas acções com as normas profissionais e as expectativas sociais. No entanto, deve ter-se em conta que, em estruturas onde a corrupção se tornou generalizada e sistémica, o comportamento corrupto pode ser considerado uma "norma", enquanto o desempenho consciencioso e honesto dos funcionários no exercício das suas funções oficiais pode ser considerado um comportamento desviante.

Ao analisar os aspectos psicológicos das actividades corruptas, é importante identificar as propriedades pessoais que aumentam a probabilidade de um comportamento corrupto numa situação de escolha. Em conjunto, estas propriedades são definidas pelo conceito de **"personalidade propensa à corrupção"**, que significa um determinado tipo de personalidade com uma elevada propensão para a corrupção e uma baixa resistência à corrupção. É mais provável que essa pessoa opte por um comportamento corrupto em condições de pressão da corrupção, ao passo que a recusa do mesmo nessas condições terá uma probabilidade muito baixa para ela. [80]Tal como referido na literatura, "nenhuma circunstância externa pode ser a causa determinante de um ato ilícito se não for simultaneamente colocada nas determinantes internas da atividade humana". Por outras palavras, na caraterização dos actos de corrupção, é sempre necessário, a par da ação das causas externas (riscos de corrupção), ter sempre presente um conjunto de propriedades específicas significativas da personalidade do sujeito desses actos, ou seja, certas determinantes internas de uma personalidade corrupta.

Que propriedades estão subjacentes a uma personalidade propensa à corrupção? Os investigadores observam que estas propriedades são determinadas por factores situados em diferentes níveis comportamentais da personalidade. [81]O.V. Vannovskaya identifica cinco níveis de formação da personalidade subjacentes à formação de uma personalidade propensa à corrupção.

1.   **O nível dos significados e dos valores.** Qual é o significado das acções de uma pessoa corrupta? Porque é que ele precisa de provar a sua importância sob a forma de receitas da corrupção? O que é que o leva a esforçar-se por obter benefícios materiais significativos? Qual é o sentido da vida para ele? As respostas a estas perguntas ajudam a compreender a componente semântica do comportamento de um indivíduo corrupto. É evidente que, para este tipo de personalidade, a componente formadora de sentido do comportamento é a aquisição de riqueza. Assim, as orientações de valor e os ideais de vida que formam o lado significativo da orientação de uma pessoa e exprimem a base interior da sua atitude perante a realidade reduzem-se, para uma pessoa corrupta, à predominância de valores materiais em vez de espirituais. Para essa pessoa, a medida da felicidade e do bem é a riqueza, o luxo, o dinheiro, e o valor principal é o valor "Ter" e não o valor "Ser" (E. Fromm).

2.   **Nível cognitivo-moral.** Este nível inclui atitudes de comportamento moral, ou seja, atitudes individuais, morais, sociais e legais. Se as atitudes individuais

---

80 Lyskov B. D., Kurbatova T. N. A noção da personalidade de um criminoso // Psicologia Jurídica / comp. e ed. por T. N. Kurbatova. SPb.: Peter, 2001, p. 77.
81 Ver: Vannovskaya O.V. op. cit. op. cit.

prevalecerem nos determinantes do comportamento moral, a resistência à corrupção será a mais elevada, uma vez que estas atitudes são imanentes à personalidade, são normas individuais de comportamento, ou seja, representam as caraterísticas mais estáveis do comportamento humano. Se os determinantes morais ou sociais predominarem no comportamento de uma pessoa, a resistência anticorrupção será menor, uma vez que, neste caso, a pessoa será guiada pela moral e pelas atitudes da sociedade envolvente. Os indicadores de resiliência anticorrupção serão mais baixos se prevalecerem as determinantes legais, uma vez que o principal regulador do comportamento moral neste caso são os princípios de encorajamento e punição externos ao indivíduo, estabelecidos por leis, que são vistas pela maioria dos nossos cidadãos como externas e estranhas. Como refere A.I. Kirpichnikov, "historicamente, tem havido ... [82]uma visão da lei como uma espécie de força externa, sem suporte moral, que cria arbitrariamente proibições e obriga ao seu cumprimento". Se nenhuma das quatro atitudes for dominante, a propensão do indivíduo para a corrupção aumenta.

3. [83]**O nível emocional** implica vários indicadores que são relevantes para determinar a propensão para a corrupção - são eles "a satisfação com a vida, a satisfação com a profissão, a satisfação com o estatuto pessoal e a auto-relação". A investigação revelou uma correlação entre o nível de satisfação com a vida e a resistência à corrupção de um indivíduo. Quanto mais elevado for o nível de satisfação com a vida, maior será a resistência à corrupção e vice-versa. A mesma correlação pode ser estabelecida entre o nível de satisfação com a profissão, a satisfação com o estatuto pessoal e o nível de resistência à corrupção.

4. [84]**O nível de regulação** está relacionado com o indicador **do locus de controlo**, que é entendido como a tendência de uma pessoa para ver a fonte de controlo sobre a sua vida principalmente no ambiente externo ou em si própria. Existem dois tipos de locus de controlo - interno e externo. No primeiro caso (locus interno), o indivíduo assume a responsabilidade pelos acontecimentos da sua vida. No segundo caso (locus externo), o indivíduo atribui toda a responsabilidade a factores externos (outras pessoas, o acaso, o ambiente, etc.). É óbvio que uma pessoa corrupta tem um locus de controlo externo, enquanto uma pessoa com elevada resistência à corrupção tem um locus de controlo interno.

5. **O nível comportamental** está associado a dois tipos principais de resposta: impulsiva e reflexiva. No tipo impulsivo, a reação aos estímulos externos é espontânea e emocional. No caso do tipo de reação reflexiva, as acções de uma pessoa são mediadas por uma análise lógica da situação. É óbvio que uma pessoa com o tipo de reação impulsiva predominante terá mais tendência para o comportamento corrupto e uma pessoa com o tipo reflexivo predominante terá menos tendência para o comportamento corrupto.

---

82 Kirpichnikov A. I. Russian Corruption. 3ª edição, revista e complementada, SPb.: Legal Centre Press, 2004, p. 214.
83 Vannovskaya O.V. op. cit. cit.
84 Ver: Bazhin E. F., Golynkina E. A. A., Etkind A. M. Questionário do nível de controlo subjetivo (USK). Moscovo: Smysl, 1993. C. 16.

Com base nas caraterísticas acima referidas, foi elaborado um retrato psicológico de uma personalidade propensa à corrupção. [85]"Caracteriza-se por: compreensão da vida através da aquisição de bens materiais, aspiração ao luxo como indicador de felicidade, motivação inconsciente e estrutura indiferenciada de atitudes de comportamento moral, baixo nível de satisfação com a vida, auto-relação negativa e autoestima inadequada, locus de controlo externo, tipo de reação impulsiva" .

De algum interesse é a classificação dos tipos de subornadores com base nos factores pessoais determinantes do comportamento corrupto[86]

Subornador ativo - caracteriza-se por um niilismo jurídico, atitudes anti-sociais estáveis. Tem um impulso interior para o suborno. Cria ativamente situações artificiais conducentes ao suborno. O principal motivo do comportamento corrupto é o interesse próprio. Ao mesmo tempo, a pessoa pode ser levada a cometer uma infração pelo desejo de mostrar a sua superioridade sobre as outras pessoas, o seu poder e a sua importância. Normalmente, essas pessoas desejam obter uma posição relevante com base na intenção de praticar o suborno.

Subornador habitual - tem atitudes morais e psicológicas contraditórias e instáveis, baixo nível de consciência jurídica e cultura jurídica. Este tipo, ao contrário do tipo ativo, não cria situações de suborno provocadas artificialmente; fá-lo devido ao hábito, às "regras" existentes na organização. Tal como no primeiro caso, o principal motivo para cometer a infração é o interesse próprio.

Subornador situacional (tipo instável) - aqui também o motivo da infração é o interesse próprio. Um subornador deste tipo não tem atitudes anti-sociais fortes, mas as suas propriedades sócio-psicológicas pessoais são instáveis, a sua atitude em relação às normas sociais é predominantemente frívola, o que, em determinadas condições, pode levar à prática de um ato de suborno.

As caraterísticas psicológicas pessoais determinam em grande medida as medidas de luta contra os crimes de corrupção, sendo as principais:

- formação de uma opinião pública negativa;

- criar uma atitude negativa em quem dá e em quem aceita um suborno;

- formação psicológica para as pessoas que sofrem pressões psicológicas aquando da extorsão de um suborno (representantes de pequenas empresas, etc.);

- a luta contra a corrupção e a formação jurídica da geração mais jovem.

A aplicação destas medidas pode ter um impacto significativo na formação de uma rejeição sustentável da corrupção na sociedade.

85 Vannovskaya O.V. op. cit. cit.
86 Ver: Sheretov V.V.. Caracterização criminológica da personalidade de um subornador [Recurso eletrónico] - http://superinf.ru/view_helpstud.php?id=3005http://superinf.ru/view_helpstud. php?id=3005

Printed by Books on Demand GmbH, Norderstedt / Germany